傳播福利經濟學

能力取徑的傳媒研究

自序

從資源到能力的傳播經濟分析

　　「媒體經濟學」，對不少傳播學門的工作者而言，就算不是個令其直覺上感到不快的字眼，至少也是個應該要盡量敬而遠之的場域。

　　這種不適感，自然是與「經濟」一詞所誘發的聯想與生理反應有關。在傳播與媒體研究領域，「經濟」不是中性的用語，而是與效率、單向度、商品化、媒體操控、產業發展等概念連結的詞彙，其與媒體事業應有的公共性、多樣化與獨立精神，經常是存在著高度張力，甚至是格格不入的。

　　但「經濟」可以有、應該有的指涉，難道就真的僅止於此？如果我們回到經濟「經世濟民」的初衷，讓這世界被經營得更好，讓人們可以過得更幸福，那麼經濟一詞，就不會被狹隘地等同於是不在乎理想的同義詞。只追逐獲利，罔顧更值得追求的社會目標。

　　對媒體經濟的偏狹想像，源自經濟學的解釋權，已被強

調效率的工具理性的新古典主義經濟所壟斷。這一點在過往其實已被討論甚多，傳播學界對這樣的經濟分析的偏向，除了持續採取批判的態度，更常見的姿態與解方，是另行標舉「政治經濟學」的大旗，以有別於媒體經濟學引發的僵化指涉與聯想。

但如同文化研究健將 Lawrence Grossberg 所觀察的，這種對僵化的對抗，引來了另一種僵化，傳播與文化研究者批判的經濟學與經濟世界，經常是他們想像中的經濟學與經濟世界，而不是充滿動態的經濟學與經濟世界；非常弔詭的是，傳播政治經濟學批判主流經濟學失去了政治面向，但政治經濟學本身卻又漸漸失去了經濟分析。傳播與文化研究有迫切的需求，重新檢視經濟動態對傳播與文化的真實影響為何。

北歐的三位學者 Cunningham, Flew & Swift 於 2015 年出版的《媒體經濟：媒體研究的關鍵概念》（Media Economics：Key Concerns in Media Studies）一書中，同樣也認為過往媒體的經濟分析過於偏狹，他們列舉了媒體經濟分析五種可能的方法，分別是：新古典（主流）、批判政治經濟、制度經濟、演化經濟與個案研究法。

我從 2007 年起，陸續從事傳播新制度經濟學的相關研究，在 2014 年出版了《傳播新制度經濟學：傳播史、政策、管理與產業組織》一書。這本書則是試圖提出媒體經濟分析的第六

種方法：福利經濟學的傳播經濟分析。

　　這本書的立論基礎，主要援引印度裔經濟學家沈恩（Amartya Sen）的思想體系。沈恩的特殊之處在於，雖然被定位為經濟學家，但「政治」與「經濟」在他的思索與論述中，幾乎佔據了等同重要的地位（如果不是前者更重要的話）；沈恩或許會被標籤化為自由主義者，但若仔細檢視其主張，在特定面向，甚至比社會主義者更基進。

　　主流經濟學的批判者，主要是從新古典主義經濟，「將世界的複雜性，簡化為以市場為唯一依歸的數學模型」來加以批判，沈恩則是少數從「主流」經濟學的內部，試圖恢復經濟學原有的倫理基礎與人本關懷。

　　在自由主義的傳統中，有社會自由主義與經濟自由主義之別，前者以羅爾斯（John Rawls）為代表，著重的是社會制度是否符合公平正義，後者的旗手則為海耶克（Friedrich August von Hayek），強調市場自發性秩序的重要性，認為諸多自認出發點良善的社會設計，終究導致的會是通往奴役之路。而羅爾斯身為政治哲學家與海耶克的經濟學家定位，隨著知識學門的建制化，似乎也成為政治與經濟學研究的意識型態基礎。諷刺的是，現今經濟上的自由主義，卻已成政治上的保守主義，在倫理基礎上，已然分道揚鑣。沈恩的社會福利分析，結合了經濟學家關注的物質福祉，以及政治哲學家關心的個人權利與

正義，成就了其自成一格的「政治經濟學」。

本書則是試圖探究，這樣的社會福利分析，如何應用於傳媒的經濟與政治分析，這樣的傳播經濟分析，又與其他傳播經濟分析呈現什麼樣的相對關係。

我個人的學習與思考歷程，在碩士階段之前，念傳播學院，受左翼批判思想影響較深，後來因緣際會，改念了商管學院，尋求理想的可實踐出路。博士班畢業十多年，傳播新制度經濟學與福利經濟學的探索，是我在這兩種訓練與價值系統間找尋個人、媒體與世界之新可能的一段旅程。這本書的出版，是我告別這個探問的小小註記。

本書得以完成，要特別感謝美國天普大學（Temple University）的 Thomas Jacobson 教授，慨然提供他尚在草稿階段、以沈恩思想為基礎的發展傳播論文，其無私的分享，讓本書受益甚多。此外，黃雅惠小姐、韓佳陵同學，在書籍編輯與設計上出力甚多，在此一併致上謝意。

最後，這本書要獻給欽昭，是她讓我在跌跌撞撞中，總還有重新站起來的機會。

目次 CONTENTS

壹

媒體與傳播的經濟分析

　　主流經濟學的分析，經常將分析的起點，放在資源有限的情況下，人們會或應如何做選擇。這種分析有其意義，就像人如果知道自己將會長生不死（也就是「時間」這項資源是無限的），人生的任何選擇、猶豫或是兩難，也將變得毫無意義，因為你總是會有時間與機會，「重新來過」。

　　馬克思主義傳統的經濟分析，雖在意識型態上大不相同，對資源的配置同樣給予最關鍵的位置，產權或物質基礎，被視為是階級分野、社會變革與意識型態形塑的核心。

　　影響所及，這兩種經濟學分析路徑延伸應用而來的傳播（產業）經濟學與傳播政治經濟學，也順理成章地將傳播資源如何配置與運用，當成傳播與媒介經濟分析最關鍵的議題。

　　資源固然重要，但擁有更多的資源（財富），是否等同於更快樂的人生、更幸福的生活，或者說，是更值得追求的社會理想呢？在日常生活中，人們本來就常常會說，財富未必能買

來心靈上的快樂。只是這「心靈」究竟所指為何，通常我們並不加以深究，該如何達到這心靈上的快樂，則是各說各話，至於人文與社會科學的研究（自然也包括經濟學與傳播學）如何能幫助我們達成這樣的目標，更是罕有人關心的議題。

1998 年的諾貝爾經濟學獎得主阿瑪蒂亞‧沈恩（Amartya Sen），是少數正面回答了這些問題的經濟學家。他認為，人生的幸福與快樂，來自人們可以過著自己珍視的生活方式，也就是實踐真正的自由。自由的真實實踐，在能力（capability）的充分發揮，而不是資源或財富的無止境累積。

沈恩的概念其實並不複雜 -- 沒有資源雖然諸事窒礙難行，但有了資源，不等同於個人能力與生活場域的擴展，也不等同於幸福生活的實踐。舉例來說，就算全國都有免費的無線上網（資源），不具備基本的資訊應用能力、或是生活上還被困在更基本的求生層次的人，這些網路資源對他們來說幾乎毫無用處，自然也談不上能帶來什麼幸福快樂之感；活在一個號稱音樂之都（如維也納）的個人，如果沒有機會建立基本的古典音樂素養，這樣的美好社會 / 事物，又與他何干？同樣的網路或音樂資源，對不同的人，意義並不相同，每個人實踐能力充分發揮所需要的資源，也各不均等。

因此，對沈恩來說，經濟發展的目標，是人的（能力）發展，公平與正義的追求，是能力的平等，而不是資源的增長或

均分。這種以能力為核心的經濟發展與正義理念，被稱為「能力取徑」（capability approach）。

　　這樣的能力取徑，如何運用在傳媒的經濟分析，將是本書要探討的主題。沈恩的著作，也有諸多談到媒體與傳播在能力取徑中扮演的角色。本書將先申論沈恩的能力取徑、傳媒思想，進而探討沈恩的理論體系在傳播研究的應用，以及沈恩的傳播福利經濟學與其他傳播經濟研究取徑間的關係。

貳
沈恩的福利經濟學

　　沈恩的寫作範圍涵蓋甚廣，《正義的理念》(The Idea of Justice) 一書，試圖與羅爾斯（John Rawls）的政治哲學經典《正義論》（A Theory of Justice）建立對話（或超越）；沈恩整個學術生涯對社會選擇理論（social choice theory）的持續性關注，則是承繼了亞羅（Kenneth J. Arrow）[1] 的經濟學分析傳統；沈恩對亞里斯多德 (Aristotle)「善」[2] 的理念的再詮釋，並使其與經濟學接合，則是開啟了沈恩思想中的倫理哲學面向。此外，沈恩的著作，也廣泛地涉及了人權、性別、全球化、飢荒研究、印度思想[3] 等領域，並不是一個容易歸類的思想家。

　　諾貝爾經濟學獎頒給沈恩，表彰的是他對福利經濟學（welfare economics）的貢獻，沈恩自己也曾說過，若有人問他研究的是什麼，他會說是福利經濟學[4]。因此，Morris（2010）[5] 認為，沈恩雖非傳統定義下的福利經濟學家，福利經濟學一詞，卻是足以涵蓋沈恩思想體系的一把大傘。

　　黃有光（1999）[6] 指出，福利經濟學，是試圖系統性地闡述，在某一經濟狀況下的社會福利，是優於或劣於另一經濟條件。福利經濟學作為基礎理論，經常被運用在其他應用經濟學，像是公共財政、成本－效益分析、國際貿易、社會福利與政府政策等領域。

　　在沈恩能力取徑的福利經濟分析被提出之前，功利主義（Utilitarianism）傳統的福利經濟學佔據了主流位置。此一傳統源自十八世紀哲學家邊沁（Jeremy Bentham），主張社會的功利總和最大化，是評估一件事值得追求與否的唯一標準。此一概念經過一些哲學家與經濟學家的修正與延伸，像是 John Stuart Mill、Stanley Jevons、Francis Edgeworth 和 Alfred Marshall 等人，逐步演進為今日所謂的新古典主義經濟學。

　　羅爾斯批評，功利主義認為不同的社會福祉間呈現一種可替代（trade-off）關係，因此也就很難為政治與宗教自由提供充分的保障。這種功利主義思想頗為普及，相信為了經濟發展，人權、媒體與言論自由、或是民主自決是可以犧牲的，都是這種思維下的產物。政治經濟學的取徑同樣批判功利主義的化約傾向，其主要觀點是，完整的公民，被化約為消費者，而很顯然地，只有一定經濟基礎之上的人，才有可能從事消費。

　　沈恩的福利經濟分析，則是結合了經濟學家關注的物質福祉，以及政治哲學家關心的個人權利與正義，成就了他自

成一家之言的「政治經濟學」。正因為沈恩這種獨特的發言位置，沈恩雖不自詡為政治經濟學家，卻被基進左翼經濟學家 Robin Hahnel 譽為是「二十世紀晚期最偉大的政治經濟學家」[7]。

從 1980 年代起，沈恩便將經濟研究的重心，從「物」，翻轉為「人」。從經濟學門圈外人的眼光來看，這似乎是顯而易見又理所當然之事 —— 一個社會應該追求的，是人的發展與平等，而不是物的昌盛與均等。但是一來，在真實的經濟學領域，資源（物）的增長與分配正義才是研究的重心，二來，究竟什麼才是人的發展與平等，並沒有表面上看來那麼不證自明。

沈恩對這問題的回答則是：人的平等，是能力的平等。沈恩認為，所有的人都能享受他們認為有價值的生活方式，這是社會與經濟發展的根本目標，一個能力平等的社會，應該增加人們的機會，擴展他們得以選擇的範圍，享受真正意義下的生活。

在沈恩眼中，人不僅有需求，也具備能動性，只要有足夠的機會，他們就能改變自己的處境，以及所處的世界。社會與經濟發展的目的，就是為個體創造這樣的機會，讓人們生活中的機會與能力，能夠有效地開展，沈恩將這樣的理念，稱之為能力取徑。

　　能力取徑包括兩個主要概念，一個是功能（functioning），功能又包含兩個概念─施為（doing）與狀態（being）。施為指的是一個人如果能充分發揮其秉賦，從事利人利己的活動，就能達至某種成就，而一個人在施為的同時，會讓自己成為某個族群的一份子，造就自身獨特的身份認同，沈恩將之稱為狀態。

　　另一個核心概念是能力（capability），是指一個人能夠實現各種功能的不同組合。對沈恩而言，自由的實踐（因而也是發展的終極目標），是這些能力組的擴展。

　　王紹光（2010）[8]認為，沈恩的能力取徑，與一般福利理論及資源取向的經濟理論的差別在於，沈恩試圖要回答的，並不是「人們的需求在多大程度上被滿足」，或「他們能支配多少資源」這類的問題，而是「他們實際上能做什麼，或成為什麼樣的人」。因此，平等的重心，在於能力的發揮與自由的實踐，而不是欲望的滿足或資源的佔有。

　　李風華（2012）[9]指則出，沈恩的思想與傳統福利經濟學最大的差異在於，傳統福利經濟學關心的焦點侷限於福利、或說是效用，沈恩則將自由的概念引進福利經濟與社會選擇之中，藉此實踐了政治哲學與經濟學的對話。

　　化資源為能力，自然也面臨「何謂能力的平等」問題。沈恩並未言明，所有的能力都應均等化，但他特別強調基本功能（basic functioniongs）與基本能力（basic capabilities），缺乏

這些基本功能，人類便處於被剝奪的狀態；基本能力，則是在最起碼的層次上，實現這些基本功能的能力。在基本功能與基本能力之上，沈恩強調的是自由得以實踐的真實機會，每個人可以自主地選擇他們重視的功能與能力，而一個社會應該投入公共資源供給與維護的功能與能力，則應透過公民的參與與理性論辯，來找出共同可以接受的答案。

在價值理念上，沈恩拒斥主流經濟學的工具理性，他認為資源與財富只是工具，人的自由與能力的發揮才是經濟與社會發展的終極目標；但沈恩同時也反對對市場與全球交流的全面排拒，他認為市場與語言溝通是一樣自然的事，全球化對知識分享與經濟繁榮的貢獻顯而易見，我們應該追求的，是一個正義的市場機制與全球交流。

在方法論上，沈恩擴展與修正了亞羅的社會選擇理論（social choice theory，亞羅關注的焦點，是個人不同的偏好，如何集結與形成集體決策），批判性地延伸了羅爾斯對社會正義的追求，強調的是如何消除不正義、以及如何在真實世界真正存在的選項中，做出「相對上」正義的決策，而不是對抽象正義理念的空泛論證。沈恩（2015）[10] 認為，全世界的人類幾千年來對於正義的追求，不是為了某種絕對公正的烏托邦，而是為了消除那些攤在我們面前、而且有可能做出改變的不公正現象。

　　在沈恩眼中，羅爾斯以降的正義理論，一貫主張的，幾乎都是除了那些被奉若神明的理想型社會制度安排，任何其他的制度選項都被視為是不正義的，因而也就減弱了在現實世界中，尋求更多正義被實踐的可能與機會。在羅爾斯正義思想的引導下，我們必須探尋的是絕對的正義，任何不是絕對正義的事，都不值得追求。

　　沈恩認為，我們應該放棄對先驗式的完美絕對正義的著迷，轉而關注可實踐的社會實現（social realizations）與人的實際行為模式（people's actual behavior patterns），應該在意的是不同社會真實間的相對比較正義。

　　沈恩（2010）[11] 認為，人類活動的最高目標（自然也包括經濟活動），是要讓人們獲得實質的自由，以及因自由而來的良好生活品質。因此當我們評論一項人類活動是正義或不義時，可以以這項活動是增進或減損了自己或他人的自由來檢視。沈恩舉例，買了一件 T-shirt，對他人幾乎沒什麼影響，因此可以說是道德上中立的；擁有了一支手機，別人可以打電話給你，雙方可以有更多溝通，彼此的自由都增加了，手機的買賣便可能是增進人類福祉的，因而可以是正義的舉動；但如果買了一支槍，雖然從來沒用來射殺任何人，卻因此對他人造成威嚇效果，限制了他人的自由，買賣槍枝也就是個不義的行為。

　　沈恩對正義的這種看法，結合了印度傳統的法理學

（juriprudence），將正義分為「公正」（niti）與「公道」
（nyaya），前者關心組織（制度）的妥當性（institutional
propriety）以及行為的正確性，後者則關注制度所產生的結果，
也就是人們實質上能夠過怎樣的生活。沈恩（2009）[12] 認為，
如果我們能更看重每一個人實質面對的差異，以及造成這些差
異的原因，我們也就更能理解社會可能的不正義，並期待消除
造成這些不正義的原因，讓每個人都有機會追求各自想望的
幸福生活。

　　沈恩的比較正義論點，表面上看來似乎缺少了超越既有體
制的理想性，但在當代所謂的「後現代」處境中，一個眾人皆
可以同意的正義理論，或許根本就不存在，你的烏托邦，未必
是我的烏托邦。一個比較性，但具有可行性的正義觀，反而更
具有入世的積極性。

　　以傳播制度的安排為例，過去新古典主義或是批判政治經
濟學思維影響下的傳播制度思辯，爭議的焦點總在於「市場」
與「公共」，何者才是理想的傳播體制安排。但從沈恩的立場
來看，制度的安排有非常多可能性，關鍵並不在於何者為完美
的制度解答，而是在實務上可達致的方案中，何者更有助於人
的（傳播）能力的平等與擴展，因而也就會是「較為」正義的
傳播體制。

註釋

1 Kenneth Joseph Arrow（1921-2017），美國經濟學家，1972 年獲諾貝爾經濟學獎。

2 亞里斯多德認為，人應該有的生活，是善的生活，其目的是實現幸福。幸福是人生的目的和起點，過得幸福就是合乎德性的現實活動，也就是合乎最高的善，人們最高貴的德性。對亞里斯多德而言，財富只是追求幸福的手段，不是目的。財富，只是「有用」。他批評那些盲目累積財富的人，是只知道活著，卻不去追求美好生活。

3 中文譯本有《好思辯的印度人》，2008 年，先覺出版。

4 參見《偉大的追尋：經濟學天才與他們的時代》，2013年，時報出版。

5 Morris, C. W. (2010) *Amartya Sen*, Cambridge: Cambridge University Press.

6 黃有光（1999）《福利經濟學》。台北：茂昌。

7 Hahnel, R. (2002) Amartya Sen: The Late Twentieth Century's Greatest Political Economist?, In Douglas Dowd, (Eds), *Understanding Capitalism*. London: Pluto Press: 151-178.

8 王紹光（2010）《祛魅與超越——反思民主、自由、平等、公民社會》，香港：三聯書店。

9　阿馬蒂亞森著、李風華譯（2012），〈譯者前言〉，《理性與自由》，北京：中國人民大學出版社。

10　阿馬蒂亞森、劉民權、夏慶杰、王小林等著（2015）《從增長到發展》。北京：中國人民大學出版社。

11　Sen, A. (2010) The Mobile and the World, *ITID*, 6, Special Edition (Harvard Forum II Essays).

12　Sen, A. (2009) *The Idea of Justice*. Cambridge, Massachusetts: The Belknap Press of Harvard University Press.

參

對能力取徑的批評

　　同為正義理論的要角、法理學家 Dworkin（2011）[13] 認為，沈恩在發展經濟學的研究非常重要而且有用，尤其是對飢荒的成因的研究很有影響力。沈恩也將東方的資產，特別是印度，包括歷史、文學以及哲學等，引入西方的知識傳統之中。但是其《正義的理念》一書，無法達到沈恩宣稱的目的─超越規範性的政治哲學（normative political philosophy）。甚至其比較性架構對真實世界的評斷效益，也低於他宣稱他所要超越的理論。Dworkin 認為，沈恩對正義的比較性判斷太過抽象，以致很難實際上運用。沈恩認同亞當斯密公正第三者（impartial observer）[14] 測試的理念，卻說不清楚，遇到特定爭議問題的時候，該拿出哪一副理論眼鏡來看待這個爭議問題。沈恩認為公共政策應該用以推動能力的平等，但他一方面承認人們對於能力的重要性認知各不相同、差異極大，卻又沒有提出當面臨那個能力重要的爭議時，做出選擇的方法是什麼。沈恩主張，

一個自由民主社會裡具備公共精神的公民的理性論辯可以處理這個問題，但 Dworkin 認為，在實務上，若沒有一套可以權衡各種事實與條件的重要性的理論或標準，這樣的說法幫助也不大。

　　陳曉旭（2013）[15] 的見解與 Dworkin 類似，她認為沈恩的實質自由與能力取徑概念太過模糊抽象，失去了一個有效概念應有的邊界與鑑別力，也讓能力取徑缺乏可操作性，無法為正義理論提供公共標準與明確內涵，而其比較方法的論證，也未必能超越羅爾斯在《正義論》中所開拓出來的方法。

　　Zink（2015）[16] 則認為，沈恩的理論固然修正了一些新古典經濟理論的缺陷，但其作品仍存在一些矛盾的張力。沈恩雖主張與新古典主義傳統分道揚鑣的必要性，但其總體分析架構，依舊是與新古典主義相去不遠。

　　沈恩對知識體系最卓越的貢獻，在於他跨越了過往涇渭分明的政治哲學與經濟分析。但是這種跨越，也讓沈恩的思想若以當代社會科學對理論建置的要求來檢視，就會顯得過於廣泛而籠統。因此，能力取徑做為一種人文與社會學科的研究方法，我們應將其視為仍在演進中的方法，各個學科應該視學科的屬性做出調整，發展出更細緻與可操作的學門能力取徑研究。

註釋

13 Dworkin, R. (2013) *Justice for Hedgehogs*, Boston: Harvard University Press.

14 亞當斯密認為，當我們觀察他人的行為，並想像在那樣的處境下我們會做出什麼行為，我們便已在進行道德判斷。如果我們想像自己會與觀察的對象做出相同的決定，我們便會在道德上認可觀察對象的做為。但人類無法扮演完美的同理心觀察者，我們總是比較傾向認可自己、自己的親人、與自己的朋友的行為，勝過不熟識或陌生的人。這樣的傾向會影響我們的道德評斷，我們可能會認可自己人做的，卻否定其他人的相同行為。如果我們能意識到自己的道德偏頗，我們就能做出調整：我們可以試著去想像，在沒有道德偏頗的情境下，人們會怎麼做決定。公正第三者，就是可以全然進入他人面臨的處境之中，不論他們是誰，而做出相同道德評斷的人。

15 陳曉旭（2013）〈阿瑪蒂亞森的正義觀 —— 一個批判性考察〉，《政治與社會哲學評論》，第 46 期，1-36。

16 Zink, J. J. (2015) Amartya Sen and the media, *Real-world Economics Review*, 72.

肆

什麼是傳播福利經濟學？

　　從沈恩的福利經濟學出發從事傳媒研究，能為我們帶來什麼樣的新視野？在我看來，傳播的福利經濟學分析，可以從兩個基點開始：一是將研究與分析的單位，從傳播資源，移轉為傳播能力，二是對理想傳播體制的追求，從絕對的公平正義，轉為相對而可實踐的傳播體制安排。

　　沈恩對媒體與傳播的看法，也是奠基於這樣的能力取徑與正義理念。沈恩認為，傳媒的運用，本身就是自由的實踐不可或缺的一部份，因而也是當代生活必備的功能組成。此外，傳媒也是民主社會理性溝通討論，建構起關於什麼是「一個社會最關鍵而基本的功能與能力」[17]的共識的必要工具與手段。這也就是說，傳媒在能力取徑中的角色，既是目的，也是工具。

　　在《正義的理念》[18]一書中，沈恩詳述了媒體的重要性，及媒體在民主社會中所扮演的角色：

一、 最重要也最根本的，是言論自由與新聞自由對生活品質的直接貢獻。每個人都想彼此溝通、認識世界，而媒體自由對於這種能力非常重要。

二、 對於知識的傳播與批判性檢視，媒體扮演了資訊性的角色。

三、 媒體有為弱勢發聲的保護功能，讓一個國家的領導者，可以看見人們真實的生存處境。

四、 在資訊充足且開放的狀況下，媒體扮演了論辯與溝通的價值形塑角色。

五、 媒體也能促成公共論理，而公共論理又對正義的追求至關重大。對正義的評估，不是單獨行為，而是要經過不斷的討論才能完成。

　　沈恩的媒體觀，顯然源自他早期對窮人處境的關心與研究（後來直接成就了他經典的飢荒研究[19]）。沈恩的飢荒研究發現，飢荒問題從未出現在擁有民主制度與媒體自由的國家。以十九世紀的愛爾蘭大飢荒（Great Famine）[20]為例，在愛爾蘭有上百萬人死於挨餓的同時，愛爾蘭卻仍有糧食出口到英格蘭等地區，顯見飢荒的成因，並不是糧食短缺，而是人們沒有取得食物的權利與能力。而當時的愛爾蘭，仍為英國的殖民地，自然也談上有完整的民主制度。

　　沈恩針對人類社會後來的幾次飢荒研究也發現，媒體的資訊與監督功能，能讓掌握權力的人看見窮人的需求，以及滿足這些需求的壓力，對於避免飢荒的發生同樣影響重大。

　　沈恩對何謂正義，以及如何實踐正義的詮釋與主張，也直接影響了他對媒體的看法。沈恩認為，光靠抽象的推理，不可能得到眾人皆可以滿意、而且有共識的正義倫理觀，而是要靠民主社會有理性之人的反覆思辯、相互說服，才有可能得到一個眾人皆可以認同與接受的「相對正義」，而媒體則是在這個過程中扮演了關鍵的角色。

　　如同 Rao（2013）[21] 所說的，沈恩對媒體研究有諸多著墨。沈恩本人雖未闡述能力取徑如何成為一種傳播與媒體研究方法，但歸結其思想與後續學者的研究，沈恩的能力取徑對傳播研究能做出的貢獻，主要在「發展與國際傳播」、「資訊與數位落差」、「傳媒素養」、「傳播與人權」、「傳播與公共領域」、以及廣義的「傳媒經濟分析」等領域。後續的章節將分別概述其應用。

註釋

17　這些關鍵而基本的能力，因而也就是一個社會之人，做為有尊嚴的個體，所應擁有的基本權利，像是免於挨餓、識字、或是得以使用媒介與網路等，因而也是國家政策應該施力的重點。

18　同註釋 12。

19　參見 Sen, A. (1983) *Poverty and Famines: An Essay on Entitlement and Deprivation*, Oxford: Oxford University Press.

20　愛爾蘭大饑荒，也被稱為馬鈴薯飢荒，發生於 1845 年至 1852 年，當時仍屬英國統治的愛爾蘭，七年間人口銳減了近四分之一。

21　Rao, S. (2013). Amartya Sen's Value to Media Scholars. *Media Asia*, 40 (3), 215–218.

伍

發展與國際傳播的重生

　　蕭崑杉（2012）[22] 指出，在現代化的脈絡下，科學與技術的理性，因創新能力而取得權力上的絕對優勢，掌握科技的能力，決定了哪些社會或地區是需要被引導的，以便成為一個「更好」的或「更進步」的社會。這當中，創新傳佈理論（innovation diffusion theory）[23] 是最典型的發展傳播典範，單向的由創新者向落後者傳遞，最後不同的社會終將接受同質的內容。

　　Sachs（1997）[24] 指出，發展一詞，在二次世界大戰後，一度像是暗夜中的燈塔，指引著後進國的社會進程。於今，發展卻是學術地景中的廢墟，經常與帝國、殖民與工具理性劃上等號。但沈恩的能力取徑，賦予了發展一詞全新的意義。沈寂已久的發展傳播，在沈恩「成長是為了發展」的論述下，找到了新的活力。

　　在過去，（經濟）成長與發展被認為是同義詞，經濟指標的成長被工具性地認為是唯一值得追求的目標。沈恩（2015）[25]

則指出，成長與發展不同，但兩者密切相關，沒有成長就不可能實現發展。經濟成長反應了一個社會實質收入擴張的速度，發展關注的則是人們生活的品質與享有的幸福與自由。

這也就是說，成長應該為發展服務，成長只是工具，實現人的幸福與自由的發展才是目的。沈恩以幸福經濟取代成長經濟，並將發展與個人自由的追求相連結，賦予了發展一詞新的詮釋。

成長概念的侷限性，實則也就是過往發展傳播的限制之所在。傳播系統的存在，被視為是為社會或國家的「進步」與「現代化」而服務，但在以西方發展為典範的「現代性」廣受質疑之後，發展傳播的研究與論述也跟著面臨許多批判。

對沈恩而言，他並不全然拒斥「現代化」，他認為發展讓很多人脫離貧困，是一個很明顯的事實。這或許也跟沈恩出身印度有關，他的祖國，還有比例那麼高的人們活在貧窮線以下，在垃圾堆上過活，抽象推理地反對現代化，對他來說反而是西方式的空談。

沈恩（2015）[26] 認為，媒體對發展的重要性，主要有四個面向：

一、 言論與公共溝通的本質性價值（intrinsic value），
　　 與新聞自由是無可分割的整體。

二、　自由媒體在傳播知識與增進批判性思考的資訊性功能（informational functions）。

三、　媒體自由讓被忽視的人與弱勢者的聲音得以被聽見，因而也增進人權保障的保護性角色（protective roles）。

四、　得以創造理念，形塑價值，以及居社會正義核心的共享公共標準能夠浮現的積極性貢獻（constructive contributions）。

Sparks（2007）[27] 指出，在發展傳播與國際傳播領域的主流典範中，媒體被認為可以用來改變人們的思想與認知，使他們變得更「現代」，學會不同的生活方式，並生活得更好。後來的參與典範則認為，媒體可以為窮人說話，幫助他們爭取被剝奪了的權利。

　　Sparks 認為，所有發展傳播的目的，都是為了解決這些迫切的貧窮問題。但今日被廣為接受的概念卻是，試圖以傳播媒體為社會注入現代性，是不可能也不應該的行為。

　　沈恩將發展一詞，拉回以人為本的發展，每個社會的每個個體，都應該有不同的發展，而不是以西方的現代性為唯一指標。Jacobson（2016）[28] 認為，沈恩的能力取徑，可以作為「發展與社會變遷傳播研究」（studies of communication for development and social change, CDSC）重新出發的基礎概念架構。Jacobson 的觀點主要有二，其一是，能力取徑對發展傳播，提供了一個跨領域、普世主義、且對公共傳播有指引作用的定義。這個取徑統攝了現代化理論，但也得以避免現代化理論的進退維谷、新自由主義假設、以及種族中心主義；第二則是，倒過來看，發展傳播與社會變遷研究，也能為能力取徑的傳播研究做出貢獻。

　　緊跟在發展傳播之後的國際傳播論述，或說是全球化與傳媒理論，則多數集中在贊成或反對全球化的兩個極端間擺盪[29]。

　　沈恩（2002）[30] 則主張，全球化對於經濟與知識繁榮的助益無庸置疑，但其分配不均、對環境的摧殘等負面效應也同樣明顯攤在世人面前，他認為我們不應該也不可能反全球化，我們需要的是一個更公正的全球化。

　　沈恩認為，全球化不等於西方化。全球化既不新，也不是西方的，更不是一種詛咒。幾千年來，貿易、遷徙、旅行、文化影響的傳播以及知識的擴散，都對世界的發展做出了貢獻，而積極促成了全球化的行動主體，常常是出現在西方以外的地區。

　　在書寫實踐上，他的《正義的理念》一書，也擷取了全世界的歷史思維，包括中國與印度，而不僅只是西方的思想傳統，

藉以發展他獨特的全球正義觀點。

　　沈恩認為，將剝奪與落差甚大的生活前景視為全球化所造成的災難，而不是錯誤的社會、經濟與政治安排所造就的結果，是一種錯誤的看法。現今我們看到的社會、經濟與政治安排，是全球緊密相連「可能」誘發、而非「必然」誘發的產物。這也就是說，尋求不同的社會、經濟與政治制度安排，創造一個更好、更符合公平正義的全球社會，在沈恩眼中，是有可能的。

　　沈恩主張，一味排拒全球化，阻礙的不只是全球的經濟活動，也包括那些有利於全世界人類的思想與知識的傳播，受害者也包括那些全世界最弱勢的族群。因此，完全排斥全球化，具有深遠的負面效應。對沈恩來說，全球化的好壞都有，但知識的全球化，顯然是利大於弊的領域。

　　沈恩認為，慣用的「反全球化」這樣的術語，無法準確地描述在這個名詞想表達的種種不滿的性質。但沈恩也認為，反全球化的論述，為公共討論提出了許多關鍵的議題，因而也就能對這問題做出重要的貢獻。但是反全球化論述所隱含的人道主義倫理與包容政治，非常弔詭的，反而讓反全球化論述，成為最具全球性的道德運動。而這與反全球化運動者慣常主張的，並不存在一種可將全世界連結在一起的全球性道德恰好形成強烈的對比。

　　沈恩對反全球化論述的批判，與他一貫對人權、自由等價

值的普遍性的堅持有關。沈恩指出，民主、人權與自由這些概念，在中國與印度等古文明的經典中，都能找到相容的思想與論述的足跡，絕對不是特定人口中的「西方產物」。人們珍視這些價值，是放諸四海皆準的。

沈恩認為，問要不要全球化，不是一個適當的問題，問全球化的成果分配公平與否，才是一個適切的問題。用沈恩自己的話來說，「全球化如果是公平的，就是好的」（If It's Fair, It's Good）[31]。

考慮全球化的利弊，不該只是與國際間沒有任何合作的情況相比，而是該考慮在眾多可能的選項當中，那個才是較佳的方案，分配更公平的方案。經濟全球化所需要的，不該只是加入市場和開放交易，也應該包括讓全球化經濟利益的分配更公平的制度安排。

全球化對於提升人類總體物質生活的助益顯而易見。而要真正戰勝貧窮，國家間廣泛的經濟連結與發展，以及運用當代生產模式的經濟激勵，具有重大的意義與作用。

如果只是一味地拒絕當代的技術優勢、貿易與交易機會、開放社會與經濟的優點，我們很難想像世界窮人的生存處境可以得到如此之快的改善。對全球化的成果有所懷疑，並不表示人們想回到封閉鎖國的狀態。

人類史上，沒有任何一個社會，不使用市場，而能讓人類

脫離貧困的狀態。但也有太多的經驗研究已證明，市場的結果，受到教育、識讀能力、傳染病、土地改革、小額信貸與法律保障等社會因素極大的影響，而且這些影響變數，事實上都有可能透過公共活動來改善在地與全球經濟聯繫的結果。我們應該努力的，是運用全球這樣的相互聯繫，改變全球化經濟的不公正與不對稱。光是市場關係的全球化，不足以實踐這個世界的繁榮。

　　制度安排如何修正或彌補市場機制的不足？沈恩以全球的藥品專利制度安排為例，專利制度可以透過許多折衷的設計，像是跨國差異定價，既可以讓研發者得到足夠的創新激勵，亟需藥品的第三世界國家窮人，也可以得到應有的醫治。沈恩提醒，窮人買不起藥品，研發的藥廠同樣得不到任何好處。

　　我們可以透過明智且人道的方式，將效率與公平結合起來。而這需要對全球正義與效率有充分的理解。

　　Jacobson（2015）[32] 指出，不管是資訊的提供或是論辯的機會，沈恩雖然認為媒體與傳播在參與式發展中扮演了核心的角色，讓一個社會得以找出值得發展的優先方向。但沈恩本人，或是能力取徑文獻，都忽略對傳播過程的討論，而這也是未來傳播研究可以努力的方向。

註釋

22　蕭崑杉（2012）〈發展傳播新論〉《農業推廣文彙》；57 輯（2012 / 12 / 01），P311-319。

23　創新傳佈理論最早是由 Evertt Rogers 在 1962 年的《創新傳佈》（Diffusion of Innovation）一書中提出，從教育、農業推廣、公共政策與醫藥衛生等領域，歸納出創新是如何擴散與被接納的理論。

24　Sachs, W. (1992) *The Development Dictionary: Guide to Knowledge as Power*, London: Zed.

25　同註釋 10。

26　Sen, A. (2015) *The Country of First Boys*, NY: Oxford University Press.

27　Sparks, C. (2007) *Globalization, Development and the Mass Media*, Los Angeles: SAGE.

28　Jacobson, T. (2016) Amartya Sen's Capabilities Approach and Communication for Development and Social Change, *Journal of Communication*,66(5), 789-810.

29　如 John Tomlinson 的 *Globalizaion and Culture* (1999)，便彙整了許多相關研究。

30　Sen, A. (2002) How to Judge Globalism, *The American Prospect*, 網址：http://prospect.org/article/how-judge-globalism.

31　Sen, A. (2001) If It's Fair, It's Good: 10 Truths about Globalization, *International Herald Tribune*, 14-15 July, op-ed page.

32　Jacobson, T. (2015) Communication Capabilities – Conceptual Justification and Research Opportunities, 015 annual conference of the Human Development and Capability Association, Washington DC.

陸

資訊與數位落差：從資源到賦權

　　傳媒研究中，資訊與數位落差的概念，是典型以資源的分析為核心的理路。傳播資源分配的公平性，被認為是傳播政策所冀望達成的首要目標。

　　但如同我在前面已提及的，每個人要達成能力充分發揮所需要的資源，不管是在質或量方面，都並不相同，傳播資源的平等，並不等同於傳播能力的平等，而從沈恩的能力取徑來看，能力的平等更為重要。Hardy（2014）[33] 指出，沈恩關於能力的理論，能讓我們理解，像資訊科技或是網際網路這些資源，究竟是增強或限制了人類能力的發展才是問題的關鍵，而不是這些資源本身。

　　Garnham（1997）[34] 認為，用能力取徑的觀點來思考「賦權」（entitlement）問題，能讓我們超越接近與使用（access and useage）這些表面性的指標。雖然對傳媒或電訊服務的購買或使用有具體的數字，對於評估視聽眾的比較優勢或劣勢依

舊是重要的，我們必須謹記於心，這些終究只是初步的指標而已，尚未能直指問題的核心。我們不能假設，從特定的傳媒使用中，人們必然可以獲得等同的能力發展。

　　過去傳播研究中，也並非沒有從權利的觀點，來看待資訊落差與接近使用議題。林子儀（1993）[35] 從法學的概念指出，接近使用權是一種法律上可強制執行的權利，個人可根據這項權利，無條件或在一定條件下，要求媒體提供版面或時段，讓個人可以無償或付費使用，表達其意見。相較於言論自由做為一種消極權利，首要目標在於防止政府對個人自由的侵害，媒體的接近使用權則經常被視為積極的言論自由權。此類權利觀點與沈恩的權利方法的主要差異則在於，前者強調的是取得資源的權利，沈恩則是看重能力得以確保與擴展的權利。

　　做為一個出生於印度的經濟學家，兒時親眼目睹數百萬孟加拉人死於飢荒的經驗，讓沈恩對窮人的問題特別關注。沈恩後來針對飢荒的研究發現，多數的飢荒，都不是欠缺食物，而是窮人獲取營養的能力不足。他在《貧困與飢荒》[36] 一書中，將飢荒的成因歸結為「賦權的失敗」（failure of entitlement）。前面已提及的愛爾蘭大飢荒，上百萬人死於挨餓，沈恩認為是消除飢荒的能力與政策的失敗；1943 年的孟加拉飢荒，該年孟加拉的糧食總產量與人均產量都是高於 1941 年，但是位居社會底層的人民擁有的換取食物的能力與權利，相對於糧食

價格的上漲卻是下滑的，但在同一時間點的孟加拉首都達卡（Dacca）的居民，卻不受食物價格上漲的影響，因為「有權利的居民」可以得到政府的糧食補貼。

這樣的觀念對後來各種貧困問題的影響深遠：貧困，究竟是資源不足，或是能力不足所造成的？在直覺上，我們很容易認為是前者（所以多數人聽到世界哪個角落發生飢荒，發揮同理心之際，都是希望能捐輸物資），兩者亦高度相關，但不能劃上等號，而後者可能更為關鍵，卻容易被忽略。

沈恩認為，自被認為是現代經濟學之父的亞當斯密（Adam Smith）以降，幾乎所有的經濟學家都肯定市場機制聞聲救苦的能力，但在真實世界裡，市場只滿足了「有權利參與市場者」的需求，但對於缺乏市場權利與購買力的弱勢者來說，他們無法有效轉化為「市場需求」的需要，根本無法被滿足。價格機制被認為是資源配置最有效率的方式，但實際上不管資源怎麼配置，都與無權利者無關。

沈恩的研究指出，在經濟繁榮或衰退時飢荒都有可能發生，說明了糧食的供給充足與否，並不是飢荒發生最關鍵的因素。因此，區分供給糧食與賦予食物的直接權利之間的差異非常重要，對權利的重視可以導致強調合法權利的結果，沈恩將之稱為「權利方法」（entitlement approach）。

沈恩與德雷茲（Jean Dreze）（2013）[37] 認為，如果說印度

需要一種新的民主政治，這種需要必然是關注最貧窮人口的
利益與權利，而非優勢族群中相對弱勢的人們的政治權利。因
為需要總是與權利緊密連結在一起的，沒有權利也就談不上需
求，只有當貧困被更清楚地認識、更普遍地被當成關注的焦點、
更廣泛地被討論，在積極的論辯與批判性討論中得到反映，政
治才有可能得到真正的改變。

　　有些研究者，很輕易地就將沈恩歸類為自由主義立場的經
濟學家，這種分類雖不能說毫無依據，但沈恩的權利方法，對
貧窮問題的見解，以及對相應的公共政策的主張—無權無勢的
窮人，應該得到更多的資源與幫助（而不是平均分配），才能
充分發揮他們應有的能力，過上他們應過的生活，實則是比主
張所有資源都應均等的社會主義思維更基進。

　　Mansell（2002）[38] 運用沈恩的能力取徑，發展出一個替
代性的數位落差分析架構，用以評估新媒介與社會間的新關
係。這樣的新架構，是不再強調數位落差，而是著重在新媒介
如何能讓社會中的多數人，得以加強他們選擇要如何過生活的
能力之潛能。隨著新媒介越來越融入全球社會網絡，一個權利
取徑（right-based approach）的新傳媒政策也就越來越重要，
而這必須奠基於如何衡量人們在知識社會中所被賦予的權利。

　　即便時至晚近，Britz、Hoffmann、Ponelis、Zimmer 與
Lor（2012）[39] 認為，新媒體環境中的資訊權倡議者，像是開

放原始碼運動（open source movement）[40]、知識公開運動 [41]
的支持者等，都沒有體認到光是接近使用是不夠的。他們認為，
在資訊社會中，能力組合中最需要被加強的的功能，主要受三
個變數影響：個人的、社會的、以及環境的特性，除非這三個
面向的能力都能有效被提升，知識分享的理想無法被實踐。
Toboso（2011）[42] 的研究，則是應用沈恩的能力取徑，分析身
障人士如何使用網際網路。

　　從沈恩的能力視角來看，Garnham（1997）[43] 認為，我們
應該將媒體視為「各種功能的促進者，而不是等著被消費的內
容供應者」（as enablers of a range of functionings rather than
as providers of a stream of content to be consumed）。

註釋

33　Hardy, J. (2014) *Critical Political Economy of the Media: An Introduction*, Taylor & Francis.

34　Garnham, N. (1997) Amartya Sen's 'Capabilities' Approach To The Evaluation Of Welfare And Its Application To Communications, in *Communication and Social Policy*, 4, 25-34. Garnham 應是最早提出呼籲，應將沈恩的能力取徑概念引進傳播領域的傳播學者。

35　林子儀（1993）《言論自由與新聞自由》。臺北：月旦出版社。

36　同註釋 19。

37　Drèze, J. and Sen, A. (2013) *An Uncertain Glory: India and its Contradictions*, Princeton University Press.

38　Mansell, R. (2002) From Digital Divides To Digital Entitlements In Knowledge Societies. *Current Sociology*, 50 (3). 407-426.

39　Britz, J., Hoffmann, A., Ponelis, S., Zimmer, M., & Lor, P. (2012). On Considering The Application Of Amartya Sen's Capability Approach To An Informationbased Rights Framework. Information Development, 29 (2), 106–113.

40　有時也被稱為自由軟體運動。這項運動的倡議者認為，軟體自由應

該跟言論自由一樣，應該自由、免費與開放，是民主社會不可或缺的一環，不應該做為牟利的工具，或是被商業機構所控制。

41　學界最為熟悉的，應該是學術期刊的出版權逐漸被幾家學術出版社所壟斷。期刊價格連年上漲，甚至到了大學圖書館都無力負擔的地步。原本最應該是公開分享的學術研究成果，卻很弔詭地成為高度商品化的知識產品。知識公開運動，便是對這樣的趨勢的反撲。

42　Toboso, M. (2011). Rethinking Disability in Amartya Sen's Approach: ICT and Equality of Opportunity. *Ethics and Information Technology*, 13 , 107–118.

43　同註釋 34。

柒

媒體素養做為一種能力

　　芝加哥大學哲學家 Martha Nussbaum[44]，是沈恩之外，能力取徑理論得以發展最關鍵的人物。沈恩的研究重心，在於生活品質的比較衡量，以及這樣的比較衡量的哲學基礎。而 Nussbaum 除了共同探究能力取徑的哲學根基，也將其進一步延伸詮釋為人間得以實踐的具體能力指標。

　　Nussbaum（2006）[45] 認為，值得人類過的有尊嚴的生活，也就是人類應得的核心能力，應該被所有國家的政府所尊重，並加以實行。在 Nussbaum 眼中，這些核心能力是一種選擇與行動的機會，讓我們得以比較不同社會的生活品質的差異，也是當我們想了解某個特定的社會，是否能為生活其間的公民，帶來最低限度的正義的衡量基準。

　　能力不只是「資源上的數量」，而是「各種行動的機會」，資源並不適合作為人類生活福祉的指標，因為人類對資源有不同的需求，讓資源得以發揮作用所需要的能力也不盡相同。

Nussbaum 對能力的看法，與沈恩極為相近，但 Nussbaum 對能力取徑的獨到貢獻在於，她清楚地分析了全世界人類都應該共享的、有品質的尊嚴生活究竟所指為何。

　　Nussbaum 認為，人類應具備的十大核心能力是：

一、　生存：能過完該有的生命長度，不會過早死亡。

二、　健康的身體：良好的健康，包括繁衍後代的能力、充分的庇護與營養等等。

三、　完整的身體：得以自由地遷徙，不被暴力行為侵犯。

四、　感覺‧想像力與思考：能運用自己的感官，用以思考、想像與論理，並且以真正符合人性的方式來從事這些活動。受到充分的教育，包括識字能力與基礎數理訓練。有能力在體驗與創作自己選擇的作品與事務時，包括宗教、文學、音樂的作品等等，能運用思考力與想像力。政治與藝術言論的表述自由、以及宗教信仰的自由都受到充分保障，並在此前提下，充分運用個人心智。享有愉快的經驗，避免於己無益的痛苦。

五、　情緒：能與他人產生情感，愛那些愛我們的人。能表達有正當理由的憤怒。個人的情緒發展，不會受到恐懼與焦慮的壓迫。

六、　實踐理性：能形成「善」（the good）的概念，並對
　　　個人的生涯規劃，進行批判性反思（這也表示必須
　　　保障良知與宗教儀式的自由）。

七、　依附：（1）能與他人一起生活，並在情緒上依賴對
　　　方。認可其他人的存在，並表達關切之意，進而從
　　　事各種形式的社會互動。能夠想像他人身處的處境
　　　（如果要保障這種能力，即是要保障構成與促進這
　　　類依附的社會體制，以及保障集會以及政治言論的
　　　自由）。（2）享有自尊與不受羞辱的社會基礎：能
　　　夠被視為一個有尊嚴的人，擁有與他人平等的價值。
　　　在政策上，這意味著反歧視的相關規定。

八、　其他物種：能與動植物、大自然共存，並加以關切。

九、　嬉戲：能夠開懷大笑，享受娛樂活動。

十、　控制個人的環境：（1）政治環境：能夠參與那些將
　　　主宰個人生活的政治選擇。有政治參與的權利、言
　　　論自由與集會結社自由都被保障。（2）物質環境：
　　　能擁有財產，並與他人享有平等的財產權。在平等
　　　的基礎上追求就業機會，免於被非法搜索與逮捕的
　　　自由。在職場上，能夠工作得像個真正的人，行使
　　　實踐理性，並與其他的工作者發展出有意義且相互
　　　認可的關係。

　　Hesmondhalgh（2017）[46] 認為，Nussbaum 所界定的人類十大核心能力，至少第五、六、七與九項是與媒體及傳播直接相關的 [47]。Hesmondhalgh 認為，Nussbaum 對值得珍視的能力範疇的界定，能讓我們對媒體與傳播的功能的思考，超越資訊與知識的範圍，鑲嵌到更廣闊而基本的人類能力的概念之中。這樣的視野，在媒體內容的產製已非專業人員專屬權利的時代更形重要，「人人」皆可與皆應為之的活動，就該是人類的基本核心能力。

　　但 Hesmondhalgh 也批評，Nussbaum 的核心能力概念有過度知識菁英主義的傾向，重視菁英與沉思型的文化發展。他認為，Nussbaum 或許可以借重文化研究領域的研究成果，思索大眾文化的動態在能力發展中的角色。

　　依循 Hesmondhalgh 的理路，我們就能將媒體素養的理念，接合能力取徑來思考：運用媒體的能力，算不算是人類基本的核心能力之一？用能力取徑的視野來重新審視媒體素養，我們能否看見媒體素養研究的新光景？

　　媒體素養（media literacy），被認為是現代公民必備的基本能力之一。媒體素養之所以重要，在過去被認為，是因為媒體提供的資訊，是民主社會公民參與不可或缺的一部份。白金漢（David Buckingham, 2006）[48] 認為，媒體教育的根本價值在於：

媒體再現在社會中具有經濟、社會與文化上的重要性。媒體是主要工業，能帶來獲利與工作機會；媒體提供人們有關政治過程的主要資訊，同時，它還提供我們想法、影像以及再現（不論真實的或是虛構的），而這些將無可避免形塑我們對真實的看法。無疑地，大眾傳播媒體是當代最主要的文化表現與溝通的媒介：為了成為一個主動參與公眾事務的人，人必須具有使用現代媒體的能力。

　　媒體素養教育最早起源於 1930 年代的英國，發展迄今，各方雖然對於媒體素養或媒體教育的目的與定義各有不同，但基本上仍可分為保護主義與準備主義兩大傳統。保護主義的核心概念是，青少年應該有思辨媒體內容的能力，以免受到媒體內容的不當影響。這樣的思維自然帶有保守主義傾向，認為傳統價值逐漸被媒體承載的通俗文化侵蝕，媒體素養教育則是扮演撥亂反正的角色。這種以保護青少年身心健康出發的媒體素養理論，也被稱為「預防接種」（inoculation）理論、「干預主義」（interventionism）理論、或是「影響中介」（impact mediation）理論。

　　到了 1960 年代，學界對於大眾與通俗文化的意義有了截然不同的看法，文化研究興起，文化被視為人類的整體生活方式，通俗與大眾文化可能也有其積極意義，個人的生活經驗也開始

得到重視與肯定。此時預防接種的概念開始式微，使用媒體的個人意義得到重視，被認為是日常生活不可或缺的一部份。

白金漢（1998）[49] 則認為，媒體教育的轉折點出現在 1970 年代，繼預防接種概念之後，新增了「去迷思化」與「道德保衛」思維。前者借光自符號學，以英國的《銀幕教育》（Screen Education）為根據地，強調的是解析文本背後的意識型態，後者則是傳播研究行為學派對媒體效果的關注的延伸，憂心媒體的色情、暴力與消費主義，會對兒童道德有負面影響。

吳翠珍、陳世敏（2009）[50] 認為，不管是預防接種、去迷思化、或是道德保衛的思維，基本上都不脫保護主義的教育理念，著重媒體的文本分析、判讀與批評，而且至今仍是媒體素養教育很重要的一環。

媒體的無所不在，充斥於現代人生活的每一個層面，幾乎沒有人可以自外於媒體，學校教育自然也不例外，因而有「媒體就是教育環境」的說法。加上當代教育對學生主體性的重視，使得媒體教育逐漸從保護主義，轉向準備主義。準備主義的核心概念是，學校媒體素養教育的主要目的，是為了幫助學生未來投入社會做準備，讓他們能好好對待媒體、善用媒體。

聯合國教科文組織在其 2006 年的媒體教育報告 [51] 中，便將現階段的媒體素養教育，歸結為準備主義：

從歷史上來看，媒體教育是以防衛心態開始的：它的目的是要「保護」兒童不受媒體危害，據此，教學重點在於暴露媒體所提供的錯誤訊息和價值觀念，鼓勵學生加以拒絕或逕予漠視。其後，情況變了，媒體教育轉而傾向於採用「賦權」（empowering）的教學方法，目的是要讓兒童「準備」去積極瞭解和參與包圍他們的媒體文化。教學重點在於思辨式理解和分析，以及（越來越傾向）教導學生自己產製媒體。

　　事實上，聯合國教科文組織以賦權的概念來理解媒體教育，便是受到沈恩能力取徑很深的影響。沈恩在為聯合國科教文組織所撰寫的報告〈素養做為自由〉（Literacy as Freedom）[52] 中便曾不斷強調，素養或識讀，是人類最基本而核心的能力之一，也是實踐人的自由必備的基礎功能，而這樣的素養也包含了運用媒體的能力。

　　吳翠珍、陳世敏（2009）認為，賦權在媒體教育中的意義，是學校媒體教育運用資源，讓學生得以自行產製媒體內容的教學方式。這樣的教學方法，將得以實踐原本就屬於青少年自己的傳播權利，而這也是世界人權公約與世界兒童人權公約所保障的基本人權。

　　亞斯平學會（Aspen Institute）在 1992 年舉辦的媒體素養菁英會議，將媒體素養重新定義為：一個人有能力利用各

種方式，去接近使用、分析、評估與製作媒體訊息。Hobbs（1998）[53] 則認為，媒體素養是以思辨態度分析文本、產製訊息的過程。吳翠珍、陳世敏（2009）認為，Hobbs 的定義最能涵蓋過去學界對於媒體素養不同的詮釋，也能表述保護主義到準備主義的轉變。

聯合國教科文組織（UNESCO, 2008）[54] 認為，媒體素養的能力指標，應包括以下幾項能力：

一、 能體認自己的資訊需求
二、 能找到並且評估資訊品質
三、 能儲存、檢索資訊
四、 能以合乎倫理標準的方式使用資訊
五、 能運用資訊來創作或溝通知識

對沈恩而言，人們為何需要具備使用傳播媒介的能力，是因為具備使用傳媒的能力，本身就是自由的實踐。此外，哪些能力是一個社會所該珍視，因而也是一個社會之人所應共同擁有的，這得透過傳媒之助，一個社會之人能夠理性的溝通與辯論，才能得到共識與解答。因此，在沈恩的能力取徑理論中，使用傳媒的能力既是目的，也是工具。

傳播政治經濟學的領導人物之一 Gandy（2003）[55] 認為，

媒體與數位素養（digital literacy）的概念，能夠納入沈恩的能力取徑的基本功能（basic functioning）之中，因其對個人與民主體制品質的提升都至關重大。同為傳播政治經濟學派代表人物的 Nicholas Garnham（1997）[56] 也認為，社會溝通的功能（functioning of social communication），是當代社會要過有品質的生活的一部份。在已開發國家中 一個公民若是被排拒在各種傳播工具的使用之外，是不合宜的。

　　在人人都可以是總編輯的「自媒體」時代，媒體素養的概念顯然更面臨重新詮釋的必要。就如同哈特利（2012）[57] 所說的：

　　新聞屬於特定族群的想法已經過時了，新聞作為一種全民的權利才是主流。如果新聞是一種人權，那麼我們必須建立理論讓它成為一種人人都能實踐的技能，還要延伸新聞學的內涵，不再讓它受限於民主模式之內，而是把更富含人性的層面都納入：尤其是個人生活與日常經驗的部分，還有那些被新聞媒體產業忽略的，不在設定的性別、族群、國籍、年齡或經濟階層目標之列的人們。……我們還需要更多努力，才能使新聞的實踐延伸到「人人」皆可為的層次，當它確實被完成，或甚至只是想像它被完成，就足以使我們一直以來所認知的新聞學在本質上全然改變。所以新聞學研究應該向歷史探究，「人人」曾經由哪些方式，被納入資訊和意見的公共

領域（或者不得其門而入）；並向文化領域探索，「人人」如
身處其中，並行使自身的溝通權利，同時它還必須對民主（或
正在民主化的）社會中，公眾資訊及觀點的使用加以了解。

　　哈特利（2012）[58] 也進一步提出，數位時代值得培養與發
掘的新聞能力素養包括了：

一、 如何得到書寫的權利？這樣的新媒體素養，不只是
　　 技術層面，也包括自我表達與溝通交流的能力，以
　　 便能達到客觀表述的論辯，並將識讀從只讀不寫，
　　 提升到讀寫並用的創造性境界。

二、 如何組織與編輯排山倒海般的網路頁面？除了數量、
　　 資料探勘、以及資訊歸檔等技術問題以外，也包括
　　 如何為同時身兼生產者與消費者的網路使用者，編
　　 輯出適合閱讀的網頁。換言之，也就是編修的能力。

三、 如何將事實與意見廣為周之？俗稱的人氣指數，也
　　 就是擴大影響力的能力。

四、 在事實已被揭露的情況下，如何表述這樣的事實？
　　 這牽涉到傳播倫理的問題。

五、 在層級化的社會中，如何將不同的社會階層連結起
　　 來？如何將高度歧異、甚至是衝突的讀者連結起來。

我們需要一個看重集體智慧甚於傳統權威的情境脈
絡，來進行讀者研究。

六、 如何鑑別品質？在人人都是記者的情況下，什麼算
是好的新聞報導？

人人都可以產製訊息與新聞、經營媒體，讓媒體素養成為
人類所共同必備的核心基本能力的概念，也比媒體素養被視為
專業能力或是對抗媒體操作的概念更能符合當代社群媒體發展
的趨勢。Couldry（2010）[59] 認為，公民能夠自己代發聲，應
被視為是基本的核心能力。而媒體素養的良莠與媒體教育的成
敗，我們也應該從個人能力是否被擴展、自由是否被實踐來檢
視。Nussbaum 對人類核心能力的釐清與界定，則是能幫助我
們重新認識，媒體素養做為一種能力，不僅涉及資訊處理與應
用，或是民主制度的發展，也與人類想像力發展、人際關係建
立、以及情感與嬉戲的需求息息相關。

此外，人人都得以運用媒體，尤其在媒體無國幾近實現
的今天，Ward（2010）[60] 認為，沈恩的能力取徑與 Nussbaum
有尊嚴的生活（dignified life）的概念，也能幫助我們建構起
與傳播能力發展相對應的全球新聞倫理觀。

這種新的新聞倫理，是回歸到沈恩反覆著墨的，以追求人
類生活的「善」為目標。Ward 認為，生命之善，可以分成四

個層次：個人的、社會的、政治的、以及倫理的。個人之善，
指的是個體能力的發展；社會之善，指的是個體在社會中的參
與；政治之善，指的是能賦予我們公民生活的正義政治組織；
倫理之善，則是指在倫理得彰的群體與組織之中生活。

　　以這種對生命之善的追求為目標，新聞倫理也就必須重新
定義，有新的詮釋，以達成上述的四種善為依歸。在傳統上，
新聞倫理被視為是特定族群的職業倫理，與一般人無關，也與
人類倫理的興盛無涉。我們通常是用政治的語彙來描述新聞倫
理：透過正確、不偏頗的資訊來服務公眾，忠實監督政府，以
及公共論壇的創造等等，而這些都可以統攝在政治之善之下。

　　Ward（2005）[61] 認為，在新時代，新聞工作者應將自己視
為全球公共領域的主體（agents of a global public sphere），
其集體行動的目標，應該是以多元、包容且擁有充分資訊的全
球「資訊空間」(info-sphere)，挑戰對世界各地對人權的侵害。

註釋

44　Martha Nussbaum 任教於芝加哥大學哲學系、法學院與神學院，哈
　　佛大學古典學研究博士，專攻古希臘哲學、情感哲學，同時也是女
　　性主義倫理學的重要理論家，美國知名的公共知識份子，與沈恩長
　　期投入第三世界的經濟發展及女性議題。著有《愛的知識》（*Love's
　　Knowledge*）、《欲望治療》（*The Therapy of Desire*）《培養人
　　文》（*Cultivating Humanity*）、《女性與人類發展》（*Women and
　　Human Development*），以及《思想之劇變：情感的理智》（*Upheavals
　　of Thought: The Intelligence of Emotions*）等書。

45　Nussbaum, M. C. (2006) *Frontiers of Justice: Disability,
　　Nationality, Species Membership*, Cambridge, Mass.: The Belknap
　　Press of Harvard University Press.

46　Hesmondhalgh, D. (2017). Capitalism and the Media: Moral
　　Economy, Well-being and Capabilities, *Media, Culture & Society*,
　　39(2), 202-218.

47　Hesmondhalgh 的理解也有其過於狹隘之處，沈恩在飢荒研究中提
　　及，關鍵性的自由媒體的存在，是化解飢荒問題的重要獨立變數，
　　因而也就對營養與存活的能力有直接的貢獻。

48　白金漢 (2006, David Buckingham)《媒體教育 —— 素養、學習與現
　　代文化》。臺北：巨流。

49   Buckingham, D. (1998) Media Education in the UK: Moving beyond Protectionism, *Journal of Communication*, 481, 33-43.

50   吳翠珍、陳世敏（2009）〈媒體素養——傳播教育通識化的途徑〉，《台灣傳媒再解構》，卓越新聞獎基金會出版。

51   引自 Frau-Meigs, D. (2008) *MEDIA Education: A Kit for Teachers, Students, Parents, and Professionals*, Paris: UNESCO.

52   參見：http://unesco.org.pk/education/life/files/literacy_as_freedom.pdf.

53   Hobbs, R. (1998) The Seven Great Debates in the Media Literacy Movement, *Journal of Communication*, 48(1), 16-30.

54   *UNESCO (2008) Toward Information Literacy Indicators*, Paris: Author.

55   Gandy, Jr., O. H. (2003) Media education comes of age. *Television & New Media*, 4(4), 483-493.

56   同註釋 34。

57   約翰哈特利著，鄭百雅譯。〈全民書寫運動——改寫媒體、教育、企業的運作規則〉，《你不可不知的數位文化素養》。臺北：漫遊者。

58   同註釋 57。

59　Couldry, N. (2010). *Why Voice Matters: Culture and Politics after Neoliberalism*. Los Angeles: Sage.

60　Ward, S. J. A. (2010) *Global Journalism Ethics*, Montreal, Que.: McGill-Queen's University Press.

61　Ward, S. J. A. (2005) Philosophical Foundations of Global Journalism Ethics, *Journal of Mass Media Ethics*, 20(1), 3-21.

捌

傳播與人權

　　在沈恩的能力取徑中，雖然每個社會、每個個體所重視的能力都應各不相同，但沈恩認為，像是充足的營養、基礎的教育、以及公民參與的資訊等等，是每個社會有尊嚴的個體都應該具備的功能，而這些功能也就構成了一個社會的基本能力。這樣的基本能力的概念，也讓能力取徑與更廣為人知的人權概念若合符節。

　　對傳媒研究而言，有待回答的問題則是，傳播權是否可以算是基本能力或是基本人權的一環？Jaconson（2015）[62]認為，在沈恩的能力取徑中，以傳媒在民主社會得以有效運作中所扮演的關鍵角色而言，傳播能力，無疑是現代社會不可或缺的基本功能。

　　在聯合國的人權宣言中，資訊與言論自由被視為基本人權的一部份。馮建三（2002）[63]認為，聯合國的人權宣言，至少涉及三個層面的傳播人權。其一是言論自由權，這是一種基本

人權，言論自由本身就是目的，不是為達其他目的的工具。其二是新聞自由權，因為在所謂的（後）工業或資訊社會中，言論自由若僅及個人或人際層次，已然不符合真實世界的互動需求。相較於言論自由本身即是權利，新聞自由則較為接近是「制度性的基本權利」。最後一個則是國際傳播權，突顯的是傳播權的普遍性意義，超越國家、種族或是文化的疆界。

馮建三認為，人權是一推動人類社會進步的重要概念，但其重要性未被廣泛感知，在傳播學門的研究與教學上，仍屬非常少人觸及的領域，即便在馮文出版的十多年後，似乎仍是如此。

沈恩（2005）[64] 認為，人權與能力是非常相合的兩個概念，兩者的實踐也都有賴公共論理的過程，但能力與人權也無法含括彼此。有許多人權可以被視為擁有特定能力的權利，但在能力取徑的架構下，無法妥善地分析重要的程序自由人權（human rights to important processs freedoms）。

德國在 1919 年通過的威瑪憲法（Weimarer Verfassung），是人類第一部將生存、教育、工作、住家、勞動保護、失業救濟與社會扶助等基本社會權利納入的憲法。中華民國憲法在第二章與第十三章，也有關於基本社會權利的相關條文。

此外，1948 年通過的聯合國〈普遍人權宣言〉（The Universal Declaration of Human Rights）及 1966 年通過的〈經

濟、社會與文化權利國際公約〉（International Covenant on
Economic Social and Cultural Rights），也宣示了每個人都應
該有教育、健康、工作、經濟安全、失業救濟、勞動保障、勞
動保護、社會扶助、適當休閒、合宜居住等基本權利，將人的
基本權利保障擴展到國際層面，這些基本社會權利也被認定為
是普遍人權。

　　世界人權宣言共三十條，其中第九條表示：

　　人人都有提出主張與發表意見的自由，包括使主張不受干擾，
　　以及不受國界限制，經由任何媒體尋求接受與傳播消息及思
　　想的自由。

　　林子儀（1992）[65]認為，言論自由主要有三種理論。第一
種是相信真理越辯越明，讓不同的觀點可以攤在陽光下競爭，
較好的觀點就有機會從「言論市場」中浮現出來。第二種理論
是相信，言論自由是民主政治不可或缺的一環，政府行為必須
被監督制衡，以及人民要能做出正確的民主參與決策，兩者都
需要公開透明的資訊。

　　朱敬一、李念祖（2003）[66]指出，這兩種理論都是將言
論自由視為實踐另外一種目的的手段，但言論自由的第三種理
論，正是認為自我表達本身就是目的，不必為其他更高的目標

而服務。而 Dworkin（1985）[67] 認為，在法理上，相較於前兩者做為一種目的理論，這第三種「言論自由本身即是目的」的權利理論，在法理上實則缺陷最少。

　　威權體制對人權的漠視、對新聞自由的打壓，最常見的一種說法是，國情不同、文化不同，其他文化（特別是西方文化）不應該用自己強勢文化的標準，強加在其他文化或地區的國家或人們身上。對此，沈恩有非常明確而嚴厲的批判，特別是針對所謂的「亞洲價值」[68]。

　　沈恩（1999）[69] 認為，並沒有任何證據支持獨裁或威權體制有助於經濟發展的說法，威權統治可能有的好處既然站不住腳，人們應該為這樣的利益「忍受」自由的限縮更是沒有根據。

　　此外，沈恩（1997）[70] 也認為，將「亞洲」或「東方」（Orient）當作一個單元，乃是一種歐洲中心論的觀點，整個亞洲幅員極廣，人口眾多（佔全世界總人口的百分之六十），民族與文化繁雜，信仰亦各異，根本不可能總括出一種共同遵信的價值系統。

　　沈恩也強調，主張為了經濟成長可以犧牲人權與自由，乃是功利主義思維影響下，認為效用可以加總、而人們總是追求效用最大化的產物。但沈恩的能力取徑與人權思想提醒我們，自由與能力的發展才是經濟成長的目的，經濟成長所能帶來的功能（免而挨餓等等），最多也只是有品質的生活所需的能力

組之一而已。為了經濟成長犧牲民主、自由與人權這些人們
珍視的價值，是本末倒置的社會發展模式。沈恩的提醒，對
現階段中國「以商逼政」的對台政策，言論與新聞自由備受
威脅的處境之下，台灣的社會體制該如何發展，更顯得有其
獨特的意義。

註釋

62　Jacobson, T. (2015) Communication in Amartya Sen's Capabilities Approach: Concepts and Methods, *2015 Global Fusion Conference*, October 23-25, College Station, Texas.

63　馮建三（2002）〈人權、傳播權與新聞自由〉，《國際政策季刊》，第一卷第二期。

64　Sen, A. (2005) Human Rights and Capabilities. *Journal of Human Development*, 6(2).

65　林子儀（1992）《言論自由與新聞自由》，台北：月旦。
Dworkin, R.（1985）*A Matter of Principle*, Cambridge: Harvard University Press.

66　朱敬一、李念祖（2003）《基本人權》，台北：時報出版

67　Dworkin, R.（1985）*A Matter of Principle*, Cambridge: Harvard University Press.

68　1994 年新加坡內閣資政李光耀接受 Fareed Zakaria 於「外交事務」（Foreign Affairs）的訪問時，闡述了何謂「亞洲價值」。他認為，中國、日本、韓國、台灣、新加坡、越南這些國家，存在著共享的「儒家主義」（Confucianism）價值，形塑了這些國家的經濟繁榮與社會文化面貌。這些價值包括五個特徵：一、階層式的集體主義，對

群體中的領袖忠誠。二、家父長制的菁英領導，即道德菁英領導下的德政。三、人際互惠和調和，避免和他人發生衝突。四、社群利益和和諧，當社群利益與個人利益衝突時，必須為了社群犧牲個人。五、儒家式的家庭主義，把家庭的重要性放在個人之上。

69   Sen, A. (1999) *Development as Freedom*, Worldwide publishers: Cappelen Forlag.

70   Sen, A. (1997) Human Rights and Asian Values, *The New Republic*, 217(2/3), 14/21 July, 34.

玖

沈恩、哈伯瑪斯與公共領域

　　最早深入探索媒體、民主與公共領域之間的關係的，是德國哲學家哈伯瑪斯（Jurgen Habermas）。他在 1962 年出版的〈公共領域的結構性轉變〉（Structural Transformation of the Public Sphere）[71]，迄今仍發揮深遠的影響力。

　　對哈伯瑪斯而言，公共領域可以被描述為，透過溝通行動所產生的傳播資訊與觀點所構成的網絡。沈恩認為，這樣的網絡，對於正義的探究扮演了最關鍵的角色。

　　沈恩（2009）[72] 指出，要找對眾人都可以接受、具有相對客觀性的關於何謂正義的判斷基準，必然需要一些規範性的要素，像是如何分辨「誰是講理的人」，以及是否經過開放而資訊充足條件下的討論等等。沈恩認為，與羅爾斯相比，哈伯瑪斯顯然更看重後者，強調循序漸進的路徑，不急於分辨那個理念更能說服講理的人。沈恩認為，哈伯瑪斯的觀點更有說服力，一個人只要有開闊的胸襟，願意在公共審議的過程中傾聽

他人的意見，反省自己的立場，每個人基本上都可以是「講理的人」。

　　沈恩心儀哈伯瑪斯，而對羅爾斯有幾分保留，原因在於沈恩受亞羅的社會選擇理論影響甚深，因而對純粹理性推論能得到完美又眾人皆認可的正義觀感到懷疑。亞羅的「一般可能性定理」（General Possibility Theorem）（有時也被稱之為「亞羅不可能」定理）以優雅簡潔的數學公式證明了，對於社會成員所寄望達成的社會決策，其各種合理的敏感性條件再怎麼寬鬆，也沒有任何堪稱理性而民主的社會選擇程序可以同時滿足這樣的目標。沈恩指出，這對啟蒙運動與法國大革命以來兩百多年對「社會理性」得以實踐的樂觀信仰，是一個不無諷刺的進展。

　　雖然同樣強調公共論理的重要性，與哈伯瑪斯相較，沈恩顯然更傾向自由主義的立場。兩者立論最明顯的差異是，哈伯瑪斯對理想公共領域的想像，是一個不受市場與政府干預的理性溝通場域，哈伯瑪斯對於市場之為用，是懷抱疑慮的。沈恩（2001）[73]則認為，實質自由要能有效實踐，有賴五種基本的社會制度，其中也包括市場機制：

一、政治民主，包括選舉權、言論與出版自由、組織與
　　參與政黨、以及監督與批判政府等。

二、 市場機制，在民主法制的基礎之上，使家計單位與廠商在生產、消費與理財等活動，能因自由交流而效率有所提升。

三、 社會基礎架構（social infrastructure），像是義務教育、健康保險等攸關個人生活品質，也影響參與政經活動能力的基本要件。

四、 資訊透明，包括所有影響人們做出決定與參與公眾生活的資訊。

五、 社會安全網絡，像是失業津貼、貧困救濟與災害救助等等。

　　但沈恩也非典型的自由主義立論，戴台馨（2009）[74]認為，自由主義經濟學家海耶克（Friedrich August von Hayek）強調的自由，是個人自主的權利不容政府侵犯，但在海耶克心目中，這種不容侵犯被狹隘地限縮在財富或資源的範疇，其所亟欲捍衛的，仍是一種消極的自由，而沈恩主張的，則是個人的能力能充分發展的積極自由。

　　Jacobson（2015）[75]指出，在沈恩為自由而發展的模式中，透過傳播工具的參與式民主至關重大。沈恩認為公民應該透過「以辯論來治理」（government by discussion）的方式來找出共同認可的能力組，而在這過程中，傳播扮演了核心的角色。

由公民所驅動的公共論述的表現，必須被視為是核心而關鍵的功能。傳播與溝通以外的能力，都必須透過傳播工具，理性的論辯，集體地找出一個社會值得值得投入資源的能力組。

　　Jacobson 認為，哈伯瑪斯的溝通理性原則，與沈恩對發展中的公共論理的角色的假設，在概念上有很高一致性，兩者應該在找出何謂傳播能力的挑戰中，被更細緻地討論。依循這樣的脈絡，Crocker（2006, 2007）[76]、Mella(2006)[77]、Sandbrook（2000）[78] 等人的研究，強調的是民主與公共領域理論在考量能力時的重要性。Alkire（2002）強調透過參與來找出具優先性的能力，而她（2008）也認為，「能讓自己的觀點被聽見」（being able to make your views heard），是當代社會最關鍵的功能之一。

註釋

71　Habermas, J. (1989) *The Structural Transformation of the Public Sphere*, Boston: MIT Press.

72　同註釋 12。

73　沈恩（2001）《經濟發展與自由》，臺北：先覺出版。

74　戴台馨（2009）〈自由與自由社會：以發展觀點為檢視基礎〉，《社會科學論叢》，第三卷第一期，31-56。

75　Jacobson, T. (2015) Communication Capabilities – Conceptual Justification and Research Opportunities, 015 annual conference of the Human Development and Capability Association, Washington DC.

76　Crocker, D. (2006). The Capability Approach and Deliberative Democracy. Maitreyee, the E-Bulletin of the Human Development Capabilities Association, 4, 4-6.
Crocker, D. A. (2007). Deliberative Participation in Local Development. *Journal of Human Development*, 8(3), 431-455.

77　Mella, P. (2006). Human Development and Habermas's Critical Theory. Maitreyee, the E-Bulletin of the Human Development Capabilities Association, 7–9.

78   Sandbrook. (2000). Globalization. *Third World Quarterly*, 21(6), 1071-1080.

拾
能力取徑與其他傳播經濟分析的比較

　　Cunningham, Flew & Swift（2015）[79] 認為，在過往，媒
體傳播與文化研究總是將媒體經濟的研究視為靜態又單向度的
領域（也就是新古典典範），傳播與文化研究有必要再訪視媒
體經濟的不同面向。在 Cunningham, Flew & Swift 的認知中，
到 2015 年他們的專書出版為止，媒體經濟應該可以有五種取
徑，包括：新古典、批判政治經濟、制度經濟、演化經濟與個
案研究法。更何況，主流經濟學本身，也歷經了很大的變化，
在過去二十年間，約有 20%的諾貝爾經濟學獎得主，並非出自
新古典典範。

　　就如同文化研究健將 Grossberg（2010）[80] 對自身所處領
域的反思：

　　以一種極端外人的姿態，明顯地無能力或不願意將經濟視為
　　一種有用的知識來批判，造成了社會文化批評與經濟世界的

斷裂。很常見的情況是，出自於相對的無知，學術的經濟批
判經常是出自對經濟假想式的刻板印象。這樣的批判所提供
的論點，經常也不是真實經濟複雜性的理論分析，而是基進
立場的想像式對立面，堅持唯一可行的政治，就是拋棄資本
主義的道德訴求。

　　Grossberg（2010）進一步指出，即便讀經濟，文化研究
領域圈子的學者，也只讀那些他們已先知道政治立場與己相近
的經濟學家，而他列舉的清單，則包括了：David Harvey、管
制市場派（the regulation school，像是 Aglitta 與 Lipietz）、
Castells、Hardts、Negri、Samir Amin、Lazzarato 以及沈恩。
沈恩雖在 Grossberg 的「閱讀清單」之列，但其在文化與傳播
研究的影響力卻是相當有限。Couldry（2012）[81] 便指出，沈
恩的理論對新自由主義背後的經濟論理進行了基進的挑戰，
但令人驚訝的是，新自由主義的文化批判陣營，卻鮮少涉及
沈恩的理論，其受到重視的程度遠不及 Hardt 與 Negri 兩位
經濟學家。

　　Garnham（2010）[82] 認為，在晚近，批判的政治經濟學
傳統對資本主義的經濟動態的理解有僵化的傾向，Garnham
將這樣的情況稱之為「馬克思主義者對市場的浪漫式否定」
（a romantic Marxist rejection of the market perse）。這樣的

盲點，阻礙了市場是如何運作，及市場真正的影響為何的分析，而這也讓「政治經濟學」的「經濟」面向並沒有被認真以對。也因此，Garnham 呼籲，批判傳統應重新評估主流經濟學對媒體與文化分析的貢獻。

　　批判傳統對「經濟學」的拒斥自有其歷史因素。主流經濟學一面倒地強調人的自利、發展的工具理性、以及對市場機制無保留的全盤接納，在在都與批判傳統看重社會整體、價值理性、以及人的解放等價值有著難以跨越的鴻溝。

　　沈恩是主流經濟學中的異數。他並不排斥市場，也不全然反對全球化，同時他還非常重視發展的重要性，希望能幫助全世界的窮人脫離貧窮的處境。

　　但沈恩也認為，主流經濟學對自利的解釋非常偏狹，對發展的期待缺少對人的關懷，對市場的運用漏失了正義的思考，而他的工作，就是從經濟學的內部，改造經濟學的缺失。在這一層意義上，沈恩也就找到了主流經濟學與批判政治經濟學的可能接合點。

　　沈恩認為，如果我們回頭檢視亞當斯密的原意，他對自利的看法是從根被曲解，也過於狹隘了。如同沈恩（1987）[83] 所言：

在經濟活動範圍內和範圍外的許多活動中，簡單追求自利並不是經濟學的救世主，而且在亞當斯密的所有論述中，他並

沒有賦予自利的追求一個一般性優越的角色，他對自利行為
的辯護是出現在特殊的文本裡⋯⋯

　　沈恩指出，被認為是現代經濟學始祖的亞當斯密，一生
中寫出了最重要的兩本著作，一是處理國民財富如何增長的
《國富論》（The Wealth of Nations），二是探討美好社會與
個人價值如何實踐的《道德情操論》（The Theory of Moral
Sentiments）。對斯密來說，這兩本書原本要處理的是同一個
問題：如何使經濟的發展與人的進步，成為一致的整體。
　　這兩本書也代表了經濟學的兩個基礎，一個是工程／邏輯
學，另一個則是倫理學。但後來強調工具理性的工程學獨強（最
重要的一支，即為新古典主義經濟學），忽略了倫理學面向的
探討與考量，這是經濟學的發展很大的缺失。沈恩則是一手強
調工程學對於促進繁榮的價值，另一手則試圖復興經濟學的倫
理傳統。
　　寇斯（Ronald H. Coase）[84] 以降的新制度經濟學派在很
大程度上，補強了經濟工程學的缺失，而沈恩的福利經濟學
探究，則重建了經濟學的倫理基礎。那麼，新的工程學與新的
倫理學，能為傳播的經濟分析帶來什麼樣的新面貌？我在過去
幾年間的研究，集中在傳播新制度經濟學的探索（王盈勛，
2010、2013、2014）[85]，本書則焦點放在福利經濟學於傳播經

濟的諸種可能。

　　主流經濟分析的核心，是以效率概念為依歸，但正如朱敬一（1999）[86] 指出，效率的追求，無法用來解釋世界上的所有事務（最極端的例子，是就算蓄奴有效率，我們也不可能說奴隸制度是對的），也就是說，傳統經濟學是有其「邊界」」的。但絕大多數的經濟學家，走出了效率這個邊界，就顯得束手無策，等而下之的，則是自以為效率分析無所不能，還沾沾自喜。朱敬一認為，沈恩是少數可以跨越經濟學邊界的經濟學家，結合了政治哲學，將正義與公平的價值引進經濟分析，將自由的追求視為經濟發展的首要之務。

　　沈恩對新古典主義的「理性」傳統，同樣展開嚴厲的批判。沈恩認為，理性選擇理論（rational choice theory）對於理性的定義，遠遠過於狹隘，似乎只有忙著將自身的效用最大化的人，才被認為是理性的。沈恩指出，一些理性選擇理論的概念，的確可以將「人們會理性地選擇，避免因自己的行為，造成自己在乎的人受苦」這樣的情境含蓋其中，因而分析了部分不只是追求個人福利的情境。但即便是這種類型的理性選擇理論，也無法解釋，人們的確有可能追求的是一個群體的福利（而非個體），或是個人目標以外的目標。

　　理性選擇理論排除了更廣泛的社會倫理與政治承諾的可能，這種定義下的理性，人們全然不可能追求更遠大的集體目

標。法國社會學家布迪厄（Bourdieu, 2003）[87]便批評，由經濟的新古典主義衍生而來的新自由主義，主張的是一種狹窄的個體主義、崇尚自我中心的理性，對集體連帶具有侵蝕作用。沈恩（2002）[88]認為，這讓新古典經濟學對人類最重要的價值之一視而不見，也就是「關於價值的價值」（values about values）。對沈恩而言，個人理性只有在社會脈絡之下，才得以彰顯其意義。

　　新古典主義慣常主張的消費者主權論，沈恩也進行了嚴厲的批判。消費者主權論觀點的背後，是經濟學功利主義傳統對人類會尋求快樂最大化（pleasure maximization）的主張。但在沈恩眼中，這種人性論既狹隘又不真實，不但誇大了消費者的理性，也誇大了人們為了個人利益，願意犧牲本性中的利他主義的程度。這是一種自我中心的消費觀，它假定透過消費來滿足的欲望、需要與效用是無法與他人比較的，忽略了人的效用的比較關係，也忽略了效用的外部效果——個人的效用最大化，對其他人的效用影響為何。對媒體內容的消費而言，這一點更為真確，就如同 Baker（2008）[89]所說的：

　　人們在與他人互動時，必得仰賴真實的、文化的及情緒的資源，同樣地，傳媒消費也會影響這些資源。若某人未曾聽聞波斯尼亞（Bosnia），第三人就很難與其人討論波斯尼亞戰

爭的問題。就更為一般的層次來說，對於雙方互動的品質，究竟是有趣、枯燥，或是彼此有益還是浪費彼此光陰，傳媒消費都會造成影響。傳媒消費可以是某些社會學家筆下的團結財（solidarity good）—此時在人與人之間，「我」群各成員都珍惜這個價值，於是也就創造了團結；此時第一人珍惜的事實是，另一個人也能消費他（第一人）所偏好的產品。

　　沈恩（1987）[90]認為，沒有證據顯示，自利的最大化，可以等同於人類實際行為的最佳化。像日本這樣的市場經濟國家，系統性地脫離自利行為，並且朝著規則化行為的方向發展—包括義務、忠誠與善意，對個人與集體經濟效率的作用都是正面的。

　　沈恩對經濟學最主要的貢獻之一，在於將滿足消費者欲望的消費理論，翻轉為以需求為基礎的經濟理論。

　　沈恩不認為消費者的需要是不能比較的，平等的感覺，一樣有可能使人感到快樂。而特定的基本社會需要，或用沈恩的用語「能力」來說，是任何的社會系統都渴望追求的。Garnham（2000）[91]認為，不管一個社會在意識型態上強調的是那些需求或能力，人們總是有一種在既定條件上儘管過好日子的傾向，因此有些需求或是能力，在一開始可能不會得到個人或團體所認同，但這並不表示這種需求不重要。Garnham 認為：

對於我們如何認識媒體消費來說，這點具有重要意義。因為
這能使我們連貫地討論，某些文化產品為何應該被認為是有
用的，即使一開始並沒有受眾認為自己需要它。教育就是個
典型的例子。

　　沈恩與德雷茲針對印度的研究（2013）[92] 發現，印度最窮
困的一群人的聲音與需求，在印度的媒體中全然隱匿無聲。諷
刺的是，印度有八萬六千多種報紙雜誌，發行量超過三億七千
萬份，即便在網路時代，也沒受到像其他國家一樣大的影響，
但窮人在這些媒體上都是沒有聲音的人。沈恩與德雷茲舉的
一個典型例子是，印度有一次大停電，媒體廣泛地報導與批判
停電對中產階級帶來生活不便與經濟的傷害，但卻沒有媒體關
注，比例甚高的印度窮人，家中根本從來沒有電。

　　沈恩與德雷茲認為，印度媒體的偏頗，首先是因為印度的
媒體幾乎都是富人所擁有，這與政治經濟學的解釋看法類似。
但他們認為，這樣的情況在全世界皆然，但許多國家的媒體編
輯方針，還是有一定程度的多樣性，而印度卻是呈現極度的偏
頗富人階級，因此所有權並非有效的主要解釋。此外，媒體依
賴廣告與贊助的經濟特性，也影響了媒體的偏向。除了這些經
濟因素以外，還要加上印度社會深刻的階級不平等，才足以解
釋媒體的偏頗現象。

沈恩（2013）[93]認為，媒體的所有權問題沒有簡單的解方。媒體的建置必然涉及產權，但要媒體的擁有者只持有產權而不管其他任何事，這是幾乎不可能的一種安排。公共所有權的幫助可能也不大，因為這將給統治者特殊的權力來干預自由媒體的目標。

沈恩認為，已故的哈佛大學經濟學家 John Kenneth Galbraith 提出的「制衡性權力」（countervailing power）[94]的概念，或許是解決這個難題的有效方式。我們需要的，或許不是去排除任何參與者的權力，而是讓不同的力量可以相互抗衡。而這樣的制度性安排，不光是商業世界中不同參與者的私有產權多元化，也包括得以彌補其不足的合作性所有權（cooperative ownership），以及獨立的個體或法人。我們必須仰賴競爭的相互抵銷之力，才能克服媒體的偏頗問題。這樣的觀點，在網路時代公民與社群媒體崛起的趨勢中，更顯得有其獨特意義。

沈恩雖然對主流經濟學多所批判，反對自由經濟理論工具理性地將成長視為經濟發展的目標，但他也不像許多左翼理論家，全然排拒市場，一面倒地將弱勢者視為資本主義經濟發展的受害者。沈恩認為，人們基本自由與能力的擴展是經濟發展的目標，GDP 的成長與其他要素，都是達成此一目的的重要手段，成長與發展是雙向關連的。

　　沈恩認為，即便像印度這樣階級嚴明、經濟發展的分配高度不均的社會，我們也很難說，印度窮人的生活水平是倒退的，或是絲毫沒有從經濟發展中得到任何好處，而是其能分配到的經濟果實非常有限，實質生活品質改善不多。沈恩認為，經濟成長所創造的資源，能夠系統性地鼓勵公共與私人投資在教育、醫療、營養、公共設施、以及更完整、更自由的人類生活的其他基本需求。相對地，人類能力的發展，也能進一步促進資源生產的發展。

　　跟沈恩一樣，試圖要走出「第三條路」的，不會只有一人。像羅莫爾（John E. Roemer, 2005）[95] 提出的「市場社會主義」理念，主張新古典經濟學的均衡分析、馬克思主義，以及政治自由主義的分配正義觀，實可融會。羅莫爾論證，社會主義的未來仍然必須對財產關係有特定的堅持，與此同時，它應通過對「厚實」而非淺薄市場機制的運用，兼取效率與平等，乃至於對負面外部性（如失業、污染等等）的防制。

　　羅莫爾認為，闡述社會主義長程目標最重要的作品，來自關心正義的平等理論（egalitarian theories of justice）的政治哲學家。這當中，有社會主義哲學家，但也有其他哲學與政治理論家，人們比較少將他們的名字掛連於社會主義，但他們仍可說站在前線，其中最為卓著的，包括羅爾斯、Ronald Dworkin、沈恩、白瑞（Brian Barry）、以及奈吉爾（Thomas

Nagel）。

　　但在沈恩看來，羅莫爾這類的論述，依舊是期待一個完美的理想型制度存在，正義才有實現的可能。甚至即便是新古典主義經濟學也是如此，他們期待的，是一個完美的市場制度，來實現最高的效率。

　　沈恩則認為，一個完美的社會體制或許並不存在，或是沒有具體實踐的一天，但這並不表示，我們應該放棄對一個更公平正義的社會的追求。沈恩結合了政治哲學中的正義理論，以及經濟理論中的社會選擇概念，強調的是比較性正義與消除不正義的可實踐性，為理念型思想在真實世界的挫敗，找到一條可行的出路。

　　事實上，寇斯的交易成本分析方法，同樣並不預設一個完美的制度是必要的，或是有一種完美的制度安排，是適用於所有人類希望達成的目標的。寇斯認為，較佳的制度選擇，要看達至特定組織目標的相對交易成本與行政成本而定，制度安排有無限可能，要依對真實世界的考察才能得出較佳的判斷。但寇斯對制度選擇的判斷，依舊是以效率的工具理性為起點，與沈恩看重能力擴展的倫理觀點有著根本上的價值體系上的不同。

　　那麼，比較性的正義分析，究竟應該如何比較呢？沈恩（1999）[96] 引用了梵文經典《布列哈德奧義書》

（Brihadaranyaka Upanishad）中的一個故事做例子：

Annapurna 要雇一個工人來整理長期疏於照料的花園，有三個失業工人都極需要這份工作，他們分別是 Dinu、Bishanno 與 Rogini。因為工作無法分割，她無法將工作分成三份。Annapurna 只要付相同的酬勞，他們都能把事情做得一樣好，但她希望能想清楚後再決定，她想知道雇用誰才是最恰當的。三位工人都很窮，但是大家都知道 Dinu 是當中最窮的，這使得 Annapurna 較想雇用他。（她問自己：「還有什麼比幫助最窮的人更重要？」）然而她也推測，窮困潦倒使 Bishanno 非常沮喪。相較之下，另外兩人已經安於貧窮。他們也都同意，Bishanno 是他們三人中最不快樂的，得到這份工作帶給 Bishanno 的快樂將多於其他兩人。正因如此，這使得 Annapurna 較想把工作交給 Bishanno（她告訴自己：「沒有什麼會比帶走不快樂來得更重要。」）但 Annapurna 也知道，Rogini 從小受慢性病之苦，她可以用賺得的錢來擺脫惡疾。不容否認，Rogini 不像其他兩人那麼窮，而且她早習於被剝削 (Rogini 來自貧窮家庭，她被教導必須認命，要做一個不抱怨，也不用有太多抱負的年輕婦女），所以她並不是最不快樂的。但 Annapurna 還是想知道，把工作交給 Rogini 是否不對？（她推測可能理由會是：「基於生活品質及免於疾病所苦」）。

　　沈恩認為，Annapurna 努力探究三個工人處境間的差異，可以幫助他站在別人的角度思考，得到更多做出正確判斷的訊息。在訊息充分的狀況下，怎樣在這三個看似都對的選項中做出選擇，才是正義決斷的關鍵。沈恩指出，這當中所涉及的原則性差異，與特定的訊息相關。如果 Annapurna 同時知道這三個工人面對的不同處境，她會給哪一個訊息較高的權重，決定了她最終的判斷。這些原則，應該以各自的「訊息基礎」（informational bases）來評估。Annapurna 若選擇 Dinu，是一種把焦點放在看重所得低落的所得平等主義者（income-egalitarian）；若選擇 Bishanno，是將重點置於重視愉悅與快樂高低的古典功利主義者（classical utilitarian）；若選擇 Rogini，則是強調生活品質（quality of life）的重要性。

　　沈恩的比較取向，重視理智的作用（reasoning），主張有關正義的問題，必須透過公共討論（public discuss）來處理，沒有簡單的唯一選項。但這種觀點也招致一些批評，我將在後面的章節中有所討論。

　　如果我們試著將傳播媒體的經濟分析最廣為人知的兩種取徑，也就是媒體經濟學與傳播政治經濟學，連同我在 2007 年起陸續整理闡述的傳播新制度經濟學[97]，和從沈恩的能力取徑出發的傳播福利經濟學做一比較，我們可以從表一看出這幾種傳媒經濟分析方法間的差異與特色。

表 1　不同傳播經濟分析取徑的比較

傳播經濟分析取徑	政治經濟學	福利經濟學	新制度經濟學	產業經濟學
核心概念	傳媒的物質（產權）基礎影響了內容的產製	能力的擴展是經濟發展的首要目標，媒體運用本身既是能力的一環，也是獲致其他能力的關鍵，以及一個社會何謂關鍵能力的共識得以建立的重要工具	制度深刻影響經濟行為的效率，交易成本與生產成本的相對關係，影響了何謂最佳的傳播制度選擇	將媒體視為一種產業，以效率最大化為依歸
對傳播體制的看法	贊成媒體產業公共化	支持多元傳播體制，但對社會中的弱勢族群，主張應有媒體能為他們發聲，傳播能力是人類的基本核心能力之一，人人都應具備	不同的產業特性與社會文化脈絡，各有不同的最適傳播體制，應從真實社會中進行考察	贊同市場機制
對媒體所有權的價值評斷	公共所有權才能確保媒體內容不被商品化	相互制衡的所有權關係，才能確保媒體內容的多樣性，特別是非商業力量，像是公民團體與消費者組織	所有權界定清楚，才能確保資源最有效的運用	主張私人所有權
對市場機制的評價	反對文化商品化，對市場機制基本上採取拒斥的態度	認為市場交易是與人際間的交流一樣自然的事，但應有其他社會機制矯正市場的不足與缺失	要看運用市場與運用科層組織的相對成本來評估市場是否為最佳資源配置機制	相信價格機制是資源配置最有效率的方式
主要應用領域	政策研究、文化分析	媒體素養、傳播與人權、政策研究、發展傳播、數位落差與接近使用	產業分析、政策研究、傳播史、傳播管理	產業分析、傳播管理
代表性人物	Graham Murdock, Vicent Mosco	Amartya Sen, Thomas Jacobson, Nick Couldry	Ronald Coase	Robert Picard

　　沈恩的能力觀點，若我們仔細思索，實則與馬克思在 1875 年於《哥達綱領批判》（The Critique of the Gotha Programme）中所揭櫫的「各盡其能，各取所需」（From each according to his ability, to each according to his need）的共產社會理想頗為相似—每個人充分發揮其潛能所需要的資源，其實並不相同，因此真正的平等並不是資源的平等，而是實踐能力充分發揮的機會平等。但在後來共產主義於人間的實驗中，共產主義制度施行的，反而更接近是資源分配的均等，而不是能力擴展機會的平等。這或許是馬克思主義的困境，也是沈恩能力取徑的難處，畢竟資源分配的齊頭式平等，在制度設計與人們直覺上的接受度都要容易許多。但沈恩的能力取徑也重新召喚了「各盡其能」的核心地位，如何「各取所需」地資源分配，應是為達各盡其能服務的手段與工具，也是經濟發展與社會制度設計的首要考量。

註釋

79　Cunningham, S., Flew, T., & Swift, A. (2015) *Media Economics. Key Concerns in Media Studies,* UK: Palgrave Macmillan, Basingstoke.

80　Grossberg, L. (2010) *Cultural Studies in the Future Tense*, Durham and London: Duke University Press.

81　Couldry, N. (2012) *Media, Society, World: Social Theory and Digital Media Practice*, Cambridge: Polity Press.

82　轉引自註釋 80 Grossberg 該書。

83　Sen, A. (1987) *On Ethics and Economics*, Oxford and New York: Basil Blackwell.

84　寇斯指出，新古典主義無限上綱市場機制的優越性，是以市場的運用沒有成本為前提，但這與真實世界的情況相去甚遠。運用市場的成本不但可能很高，還經常高過其他的制度安排，而這也是人類社會為何會出現各式各樣的組織的主要原因。

85　研究成果集結為：王盈勛（2014）《傳播新制度經濟學——傳播史、政策、管理與產業組織》，臺北：五南出版。

86　朱敬一（1999）〈泛論知識的「邊界」——從沈恩教授獲諾貝爾經濟

獎談起〉，《中央研究院學術諮詢總會通訊》，第八卷第一期。

87 Bourdieu, P. (2003) *Firing Back: Against the Tyranny of the Market*, New York: The New Press.

88 Sen, A. (2002) *Rational9ty and Freedom,* Cambridge, MA: Harvard University Press.

89 Baker, C. E.（2008）《傳媒、市場與民主》。臺北：巨流。

90 Sen, A. (1987) *On Ethics and Economics*, Oxford and New York: Basil Blackwell.

91 Garnham, N. (2000) *Emancipation, the Media, and Modernity: Arguments about the Media and Social Theory*, Oxford University Press.

92 Drèze, J. and Sen, A. (2013) *An Uncertain Glory: India and its*, Contradictions, Princeton University Press.

93 同註釋 92。

94 Galbraith 在他 1952 年出版的《美國資本主義》（American Capitalism）一書中，首度將源自政治領域的 countervailing power 概念，運用到經濟領域中。Galbraith 認為，理論上應由市場機制決定的商品與服務的價格，大型企業在其中已獲得決定性的權力。修正之道，是消費者、與公民團體必須整合起來，才能發揮制衡性的力量。

95 羅莫爾（2005）《市場／社會主義（Future for Socialism）》，馮建
    三譯，臺北：聯經。

96 Sen, A. (1999) *Development as freedom*. New York: Anchor Books.

97 王盈勛（2007）〈傳播新制度經濟學的理論基礎〉，中華傳播學會年
    會論文。

拾壹
理想社會與真實烏托邦

　　馬克思主義社會學家 Wright（2015）[98] 一生都在探究社會主義烏托邦實現之可能與方法，他在年輕時籌辦「烏托邦與革命」討論會時，寫下對烏托邦理想的看法：

> 我認為，我們不應該把建構一個烏托邦想像的任務，也就是我們正在做的這件事，視為替各種問題找到明確的制度性解答的一種嘗試。或許，我們可以判定哪幾種社會制度會否定我們的目標，哪些制度似乎至少能讓我們更接近目標。但是，想要列出詳細的計畫，裡頭包含能充分體現我們所有理想的實際制度，根本就不可能。我們真正的任務是試著想出本身具有動態改變之能力、能夠回應人民需求並據此調整的制度，而不是去想出一些完美無瑕而無需改變的制度。

　　成為學院研究者以後，Wright 進行了長達十年以上的

「真實烏托邦」（Real Utopias）計畫。這個計畫的目標，是希望在前共產政權垮台以後，當西方的左翼知識份子對社會主義的未來感到悲觀之際，能提出可能的替代性社會制度。Wright 希望闡述一系列確實可行的制度性原則，是得以啟發替代現存體制的解放之路。

解放問題，是馬克思思想的核心。但如同洪鎌德（1999）[99] 所分析的，解放是過程與手段，而非結果與目的，解放的終極目標是達致自由領域（realm of freedom），也就是人類自由的實現。但對馬克思來說，古典自由主義者所倡議的「天賦人權」、「自然權利」，在資本主義體制下，人依舊役於物，無法從生產關係中解脫，充其量也只是一種消極的、形式的自由，無法達成真正的人的「自我實踐」（self-realization）。

但 Heller & Feher（1991）[100] 也指出，馬克思雖矢言反對古典自由主義式的自由，弔詭的是，其主張卻是一種極端而基進的自由主義觀點。事實上，馬克思所主張的，個人潛能得以充分發揮的自我實踐的自由，與沈恩所說的「真實機會」的自由並無二致。

Wright 將「解放」視為知識生產過程裡的核心道德目標—消除壓迫，創造能讓人類發展的條件，事實上也與沈恩將自由視為經濟學理論的道德核心如出一轍。Wright 將這樣的過程稱之為人類繁榮（human flourishing）。

　　Wright 認為，關心人類解放的社會科學有三大任務：對現存世界系統性的診斷與批判、展望可行的替代方案、以及了解轉型過程中可能的阻礙與矛盾之處。要對既存的世界進行診斷與批判，和社會正義與規範性理論（normative theory）息息相關，描述一項社會安排（social arrangement）可能造成的傷害，就已為這樣的分析注入了道德評斷。因此，每個解放理論的背後，都隱含著一套正義理論。Wright 這樣的觀點，實則也與沈恩將消除不義，視為正義理論核心的想法頗為一致。

　　對 Wright 而言，一個基進民主平等式（radical democratic egalitarian）正義觀，含括了兩種規範性正義，一為社會正義，一是政治正義。社會正義，指的是「在一個社會正義的社會裡，所有人基本上應能平等取得必要的物質及社會資源，過著蓬勃發展的生活」。Wright 對社會正義的詮釋，與沈恩對基本功能的重視極為接近。

　　政治正義，指的則是「在一個政治正義的社會裡，所有人基本上有著平等的機會來取得必要資源，以有意義地參與會影響他們生活之決定。這包括個人有自由做出影響他們自己做為不同個體之生活的決定，以及個人有能力參與會影響他們做為社會成員之生活的集體決定。

　　Wright 認為，要實現這樣的正義，為批判資本主義與找尋替代方案找到動能，必須圍繞在三個主要概念：人類的蓬勃

發展、必要的物質與社會資源、以及基本上能夠平等取得資源的機會。

Wright 認為，人類若要能發揮並運用自己的潛能，必然需要有適當的物質資源與社會條件。如果沒有足夠的營養、住屋、衣著與人身安全，要達成人類的蓬勃發展將只是奢談。此外，人類若要發展知識、身體與社會層面的能力，需要的更不只是物質面的必需品，也包括進入教育場域學習，發展其才華，可以進入適得其所的工作場所，並且在一定程度上自主地從事其工作。人們也需要社群參與，提供他們參與公共事務與文化活動的機會。

Wright 指出，每個個體要能蓬勃發展所需要的資源並不相同，此外，即便存在某種程度的不平等，人們仍然能取得必要的資源過蓬勃發展的生活，因此，能夠平等地取得資源，並不意味著每個人收入均等，或是生活在相同的物質條件之中。Wright 強調，即便在一個實質正義的社會中，也不必然每個人的生活都能蓬勃發展，而只是說一個人的人生若不能蓬勃發展，並不是受限於他無法取得蓬勃發展所需要的物質與社會資源。

我們應該不難發現，Wright 的概念，事實上與沈恩的能力取徑極為類似：同樣強調人的發展是社會轉型或進步的核心，同樣強調自由或解放是發展的根本目的，同樣強調機會的均等

比資源的均分更重要，也同樣強調基本資源取得與機會均等的重要性。

　　沈恩認為，政治哲學與倫理學在過往被稱之為「實踐理性」，實踐二字的強調便已說明了，實踐理性的根本目的在為行為與政策提供指引，但在哲學領域，實踐理性卻是非常抽象與理論化的東西。在當代政治哲學中，正義理論流派雖多，卻都是從社會契約論出發，試圖找尋一個理想的正義理論。這個脈絡下的正義理論的主要特點是，它們將建立一個「正義的制度」視為首要，有時甚至是唯一的任務。但此類理論的主要問題也正在於此：若這類制度無法建立，正義也就無落實之可能。

　　Wright 與沈恩分別從社會主義與自由主義的立場出發，對當代資本主義社會未來可能出路的見解卻非常一致：他們都尋求可實踐性、不追求完美的社會制度安排、將人的自由與解放視為社會發展的終極目標。

註釋

98　Wright, E. O.（2015）《真實烏托邦》，黃克先譯，臺北：群學出版。

99　洪鎌德（1999）《人的解放：21世紀馬克思學說新探》，臺北：揚智。

100　Heller, A. & Fehér, F. (1991). *The Grandeur and Twilight of Radical Universalism*. New Brunswick: Transaction.

拾貳
如何衡量傳播能力

如同 Stiglitz, Sen & Fitoussi（2010）[101] 所說的，在我們這個日益以業績為導向的世界，衡量標準至關重大。衡量什麼，影響我們做什麼，如果衡量標準有誤，我們努力爭取的東西也將是錯誤的。就像追求 GDP 成長，我們可能反而創造一個生活品質更差的社會。

經濟發展的目的是為了讓人們更幸福，經濟成長本身並不是目的。傳播系統的發展也是如此，傳播資源的多寡本身並不是目的，而是傳播工具能帶給我們什麼樣的文化多樣性，進而延伸與擴展人的能力與自由。

這個道理其實說來簡單，但在當代社會的具體實踐中，在多數的情況下，我們並非如此衡量傳播系統的發展。電視頻道越多、報紙的家數越多，我們就認為媒體產業是越「進步」與成長的狀態。

Nussbaum（2006）[102] 指出，能力取徑的初衷，是要取代

只以狹隘的經濟術語來界定社會與經濟發展重點的功利主義取徑（economic-Utilitanian approach）。在這種功利主義的影響下，生活品質的指標，被窄化為只看人均國民生產毛額（GNP per capita），再為每個國家做個先後排名而已。這樣的社會發展指標，並沒有將每個個體視為發展的目標，某些的個人，甚至只是其他富人生財的工具而已。

　　此外，功利主義的觀點，也將每個個體生命中的不同成分，合而為一加以估算，像是教育程度、健康問題、人權自由等等這些原本應該是獨立的人類福祉，都被化約或消失不見了。Wright（2015）[103] 指出，雖然蓬勃發展的概念並未偏好特定的蓬勃發展方式，但「美好生活」的文化概念也絕非中性，或是權力真空的。GDP 的衡量貌似客觀中立，實則也反映了特定階級的意識形態。

　　法國前總統薩科吉（Nicolas Sarközy），因對國際上現行的經濟與社會統計方式感到不滿，在 2008 年委託兩位諾貝爾經濟學獎得主 Stiglitz 與沈恩，以及法國經濟學家 Fitoussi 籌組了「衡量經濟表現與社會進步委員會」（The Commission on the Measurement of Economic Performance and Social Progress，簡稱 CMEPSP，有時也被稱為 the Stiglitz-Sen-Fitoussi Commission），這個委員會的目標是，研究 GDP 做為經濟與社會發展指標的侷限性，使衡量幸福的指標，與真正

有助於生活品質的因素趨於一致。

這個委員會的研究指出，有三個概念性的取徑，與生活品質的量測有關：

第一個取徑是心理學脈絡，與主觀的美好生活（subjective well-being）有關。認為最有能力判斷自己的狀態是個人自己的觀點，有著長遠的哲學傳統。這樣的取徑與功利主義密切相關，卻有更寬廣的訴求，因為有許多證據顯示，古今有那麼多種不同的文化，使人感到幸福或是對自己的生活滿意，是人類社會普遍存在的目標。

第二種取徑根基於能力的理念。這樣的取徑設想，一個人的人生就是一連串的施為與狀態（doing and being），也就是功能，以及他能自由地選擇這些功能。這些功能有的相當基本，像是有足夠的營養或是免於早夭，有些則比較複雜，像是參與政治活動的識讀能力。能力取徑的基礎，根基於社會正義的概念，反映的是一種以人為本位，並且尊重個人追求與實踐其所珍視的價值的能力。反對只重視個人利益最大化，卻忽略關係與情感的重要性的經濟模式。強調不同能力間的互補功能。關注倫理原則在「善」的社會的設計中所扮演的角色，認可人的多樣性。

第三種取徑，源起於經濟學傳統，強調的是公平分配（fair allocation）的概念。與福利經濟學相同，其基本理念是，要衡

量生活品質的非貨幣面向（超越能在市場上交易的商品與服務的東西），必須以個人的偏好為依歸。這個取徑必須為不同的非貨幣向度選定一個特定的參考點，並且獲得關於個體的現況與他們在這些向度上的偏好。這樣的取徑避免了以「平均」願意付的價格來衡量的缺陷，因為平均值可能過多地反映了社會中較富裕族群的偏好，而更能側重社會全體成員的平等性。

　　沈恩的能力取徑經常被批評概念過於廣泛，能力的擴展難以衡量。因此，如何評估與衡量能力，就成為能力取徑能否深化研究、擴大影響力一個很重要的關鍵。Alkire（2002）[104] 指出，功能與能力都是規範性的概念，但如果功能與能力無法測量，就無法成為有用的概念。

　　從能力取徑來看如何評估生活品質，主要有兩個指標，，一是能力集合的大小，另一個是能否自主選擇。可供選擇的生活形態越多，能力得以開展的空間越大，也就意味著有更好的生活品質；但若只是空有許多選項，卻不能自主選擇自己認為有意義、有價值的生活，選項再多也是枉然。

　　能力取徑雖然招致抽象空泛的批評，被認為很難在真實世界中被應用，但有趣的是，沈恩與聯合國旗下的組織長期合作，像是開發計畫署、科教文組織等等，將能力取徑的概念，轉化為具體可衡量人類發展與生活改善的指標，說他是最入世的經濟學家，應不為過。

　　沈恩協助聯合國開發計畫署自 1990 年發展的人類發展報告與指數 (Human Development Index)，便可視為是能力取徑的具體實踐。2010 年的人類發展報告便指稱，沈恩匯聚與承繼了許多偉大思想家的資產，為人類發展提供了哲學基礎。

　　汪毅霖（2013）[105] 認為，沈恩的能力取徑，體現了人類發展的兩個面向，一是人類能力的形成，像是改善健康、知識與技巧，二是人們如何使用獲得的能力。但人類發展要作為一個具體的指標，或者有朝一日得以取代 GDP，仍是持續發展演變的概念，還不能算是一項成熟的指標。像 2010 年的人類發展報告，將人類發展分為福利、賦權與正義三個部分，福利關注人們真實自由的擴展，生活品質是否得到改善；賦權重視人們能否採取行動，改變他們的生存處境，實現有價值的生命；正義則是指增進人與人之間的平等，人們努力獲得的成果能否長期維持，並尊重人權與其他社會目標。但在 2011 年，人類發展的目標則被簡化為「透過人們自由與能力的擴展，使人們得以實踐其所珍視的生活方式」。

　　人類發展報告，是巴基斯坦經濟學家哈克（Mahbub ul Haq）與沈恩創立，每年的年度報告，則是由聯合國開發計畫署，集合相關學者、發展專家與人類發展辦公室的成員共同編撰而成，全球已有一百多個國家出版該國的國家人類發展報告。

　　人類發展報告的目標，是要讓國家發展的議題，脫離僅關注經濟成長的數字，擴及平等、永續、生產力、以及賦權。人類發展報告的主題雖然每年都有所不同，但不脫離以三個向度來衡量一個社會的發展：健康、教育與有尊嚴的生活。歷年人類發展報告的主題，可參見附表一。

　　Jacobson（2015）[106] 認為，除了人類總體能力發展的量測，如何衡量量與評估傳播能力，也是能力取徑的傳播研究能否持續發展的關鍵。但這方面的研究仍十分有限，他列舉了幾個既存的傳播發展指標，像是 International Research Exchange Board 的媒體永續指標（media sustainability index）（見附表二）、無邊界記者協會的 World Press Freedom（Categories）（見附表三）、以及聯合國教科文組織（UNESCO）的指標（見附表四），建議可以做為後續發展的參考。

註釋

101　Stiglitz, J. E., Sen, A. & Fitoussi, J. (2010) *Mismeasuring Our Lives : Why GDP Doesn't Add Up*, New York, N.Y.: New Press.

102　同註釋 45。

103　同註釋 98。

104　Alkire, S. (2002) *Valuing Freedoms*, Oxford: Oxford University Preess.

105　汪毅霖（2013）《基於能力方法的福利經濟學——一個超越功利主義的研究綱領》，北京：經濟管理出版社。

106　Jacobson, T. (2015) Communication in Amartya Sen's Capabilities Approach: Concepts and Methods, the 2015 Global Fusion conference, October 23-25, College Station, Texas.

拾叁

傳播能力與通識教育

　　媒體教育在多數人心目中，是以專業教育的樣貌出現在大學教育中。但我們如果從沈恩的能力取徑來看，運用媒體的能力，實則可以視為現代公民的基本能力，讓每個人都可以為自己發聲、參與公共論辯。在這種視野之下，媒體教育就不該只是一種專業教育，而是現代公民人人都可以受惠的通識教育[107]。

　　吳翠珍、陳世敏（2009）[108]認為，傳播教育通識化，可以讓通識學門的價值不侷限於專業訓練，也承擔培養資訊社會公民的責任，可以提高傳播學門的正當性。在另一方面，伴隨媒體素養的普及而來的公民傳播權利觀，也正在翻轉傳播活動的主體性。如果傳播的權利被視為是基本人權，將媒體素養教育視為通識教育的一環，便有其正當性基礎。媒體素養教育的博雅精神，與通識教育的目標是一致的。

　　台灣的教育部從 2011 年起推動的「現代公民核心能力推動計畫」，就將媒體素養，連同倫理素養、民主素養、科學素

養、與美學素養等,視為現代公民的五大基本素養,也是通識教育應該重點發展的核心能力。該計畫揭櫫,「現代公民須瞭解媒體科技與媒介組織如何產製訊息、建構形象及意義,並對媒體訊息具有開放、批判及省思的能力。進而學習透過適當媒介表達對於公共事務的關心」[109]。

　　事實上,媒體教育應否通識化,已非單純的傳播學門工作者主觀意識的問題,而是有其客觀局勢的必然性。過去傳播媒體的資本與科技門檻,在網際網路與社群媒體廣為普及之後,幾已不復存在。有一支手機,只要有足夠的拍攝技巧與創意,人人有可能是電影導演;只要開一個臉書帳號,人人可以是總編輯,而具備這樣的潛能與機會的,全球已達二十億人,是世界人口的四分之一強。

　　媒體成為人人都可以運用的工具,運用媒體的知識,也就不會也不該是特定學門獨享的專業知識。這對現今傳播相關科系的教學設計,及其正當性基礎,可能是一個很大的挑戰。一方面,我們可以說媒體的應用無所不在,比以往更加蓬勃,但在另一方面,媒體越來越不像一個「產業」,各種媒體都面臨營運模式、獲利來源難尋的困境,公民發聲的擴展固然是好事,但其漸次蠶食了媒體工作做為一種專業的基礎,卻也是不爭的事實—人人皆可為之之事,如何成為一種專業?誰又會為這樣的專業付費?如果運用媒體不是一種專業,學生就讀新聞傳播

相關科系，又該期待學得什麼樣的知識與技能？

　　但如果我們用沈恩的基本能力或 Nussbaum 的核心能力觀點來看媒體與傳播教育，在這個時代，傳媒教育的重要性必然是有增無減，只是我們有必要重新檢視其意義與教育內涵。

　　人人都可以運用媒體，運用媒體的能力，也就成了基本能力，傳播與媒體教育通識化，不但可能是未來重要的趨勢，也有可能是傳媒教育找到重新定位與創新活力的場域。

　　此外，如同王俊斌（2016）[110] 指出的，用能力取徑來認識高等教育，能矯正受全球化浪潮影響，越來越市場化與重視人力資源資本的缺失，回歸教育的公共性本質。過去定位在為媒體產業培養可用的人才或堅持傳媒的公共性間游移的傳播教育，或許也能從「運用媒體做為一種基本功能」的定位中，找到網路與社群媒體時代的全新正當性基礎。

註釋

107　沈恩自己也在哈佛大學開設通識課程，他將發展經濟學的專業，轉化為名叫「飢餓與家庭」的課程，讓學生思索飢餓與性別之間的關係，以及全球從非洲、印度到中國歷史上的飢荒與民主制度、自由媒體間的關係。

108　同註釋 50。

109　見網址：http://bit.ly/2f4oXsx

110　王俊斌（2016）〈能動性、相對正義與教育的公共善 —— Amarrya Sen 的能理取向理論及其批評〉，《關渡通識學刊》，第十二期。

拾肆
展望

　　Murdock（2011）[111] 指出，主流經濟的實證探問摒除了價值的議題，但道德哲學卻正是政治經濟學的核心。

　　但道德哲學應該以什麼道德為終極依歸，在這個時代，卻是比過往更加艱鉅的提問。現今的世界，歷經了前蘇聯瓦解，共產主義被認為敲了喪鐘：2008 全球金融危機之後，全球經貿萎縮，貧富差距惡化，資本主義被認為面臨了空前危機。然而，接踵而來的，卻是川普者流的極右政權，接連在世界各國贏得政權。法國經濟學者皮凱提（Thomas Piketty）為資本主義的重症把脈之作《二十一世紀資本論》（Capital in the Twenty-First Century）在全球狂銷熱賣三年之後，與其主張全然背道而馳的川普卻能當選美國總統，不無諷刺地為這個世界的茫然失據下了註腳。左右兩翼的經濟大論述，同樣都面臨了深刻的危機。

　　沈恩的能力取徑，不以烏托邦的理想體制為前提，追求的

是消除不正義，個體幸福生活的實踐，是一個更入世，更具人本關懷的經濟與政治理念，或許能幫助我們從這個深切的危機中脫困。

　　傳媒的經濟分析，或許也能從中獲益許多。Hesmondhalgh(2017)[112]便認為，在道德經濟的觀點之下，從能力取徑出發，媒體經濟學應該轉而關注，「市場對媒體與文化能力對於人類的福祉或生活品質的貢獻的影響為何」（the effects of markets on media and culture's capacity to contribute to human well-being or quality of life）。

註釋

111 Murdock, G. (2011) Political Economies as Moral Economies: Commodities, Gifts and Public Goods in Janet Wasko, Graham Murdock and Helena Sousa (Eds), *The Blackwell Handbook of the Political Economy of Communication*. Oxford. Blackwell.

112 Hesmondhalgh, D. (2017) Capitalism and the Media: Moral Economy, Well-being and Capabilities, *Media, Culture & Society*, 39(2), 202-218.

附錄

附表一　歷年人類發展報告的主題

年度	主題
1990	人類發展的概念和衡量 （Concept and Measurement of Human Development）
1991	資助人類發展 （Financing Human Development）
1992	全球範圍的人類發展 （Global Dimensions of Human Development）
1993	人民的參與 （People's Participation）
1994	人類保障的新面向 （New Dimensions of Human Security）
1995	性別與人類發展 （Gender and Human Development）
1996	經濟成長與人類發展 （Economic Growth and Human Development）
1997	透過人類發展消除貧窮 （Human Development to Eradicate Poverty）
1998	為明日的人類發展，改變今天的消費模式 （Consumption for Human Development）
1999	看見人的存在的全球化 （Globalization with a Human Face）

2000	人權與與人類發展 （Human Rights and Human Development）
2001	讓新技術為人類發展服務 （Making New Technologies Work for Human Development）
2002	在破碎的世界中深化民主 （Deepening Democracy in a Fragmented World）
2003	千禧年發展目標：消除貧窮的全球公約 （Millennium Development Goals: A Compact Among Nations to End Human Poverty）
2004	當今多樣化世界中的文化自由 （Cultural Liberty in Today's Diverse World）
2005	處於十字路口的國際合作：不平等世界中援助、貿易與安全保障 （International cooperation at a crossroads: Aid, trade and security in an unequal world）
2006	超越匱乏：權力、貧困與全球缺水危機 （Beyond scarcity: Power, poverty and the global water crisis）
2007/2008	對抗氣候變遷：分化世界中的人類團結 （Fighting climate change: Human solidarity in a divided world）
2009	克服藩籬：人類的可移動性與發展 （Overcoming barriers: Human mobility and development）

2010	國家的真正財富：邁向人類發展 （The Real Wealth of Nations: Pathways to Human Development）
2011	永續與平等：對所有人更美好的未來 （Sustainability and Equity: A Better Future for All）
2013	南方的崛起：分歧世界中的人類進程 （The Rise of the South: Human Progress in a Diverse World）
2014	人類的進步：減少災難與建立恢復能力 （Sustaining Human Progress: Reducing Vulnerabilities and Building Resilience）
2015	為人類發展而努力 （Rethinking Work for Human Development）
2016	所有人的人類發展 （Human Development for Everyone）

附表二 International Research Exchange Board 的媒體永續指標 (media sustainability index)

一、 保護與推廣言論自由及公共資訊接近使用的法律與社會規範

    1. 言論自由的法律與社會保障是存在並被執行的。

    2. 媒體的登記與取得執照應保護公共利益，並且是公平、競爭、沒有政治考量的。

    3. 媒體的市場進入門檻與稅賦結構是公平的，而且是與其他產業被一視同仁的。

    4. 對職業媒體從業人員、公民記者以及媒體機構的犯罪行為有明確的法律行動，而且這樣的犯罪行為並不多見。

    5. 法律保護公共媒體的編輯獨立。

    6. 毀謗是民法事務，公職人員要承擔更高的標準，而且受冒犯的一方必須舉證資訊不實與惡意的存在。

    7. 公共資訊容易取得；不管是媒體、記者或是公民，接近使用資訊的權利都是平等的。

    8. 法律沒有管制媒體機構接近與使用在地或國際新聞或新聞來源。

    9. 進入新聞業是自由的，而且政府沒有給予特權或特殊限制。

二、 新聞符合專業水平

1. 公正、客觀以及有憑有據地報導。

2. 記者依循被認可與接受的倫理標準。

3. 記者與編輯不會進行自我審查。

4. 記者關注關鍵事件與議題。

5. 新聞從業人員的薪資高於足以防止腐化以及維持有品質的媒體工作者人力素質的水平。

6. 娛樂性節目不至於侵蝕新聞與資訊性節目。

7. 採訪、製作與傳輸新聞的技術性設備是現代而有效率的。

8. 有品質的小眾報導或節目是存在的（調查性的、經濟／商業的、在地的、政治的）。

三、 多樣的新聞來源提供人民客觀、可信賴的新聞。公共與私人新聞來源的多元性（像是印刷、廣播、網路與行動媒體），並提供不同的觀點

1. 公民接近使用國內或國際媒體不會因法律、經濟或其他因素而受到限制。

2. 國家或是公共媒體反映不同政治光譜的觀點，沒有黨派偏見，為公益利益服務。

3. 有獨立的新聞工作者為媒體機構採訪與傳輸新聞。

4. 民營媒體產製自己的新聞。

5. 媒體產業的透明度，足以讓消費者判斷新聞的客觀性。
媒體所有權沒有集中在少數企業集團手中。

6. 媒體反映與再現廣泛的社會利益，包括少數族群語言
在內的資訊來源。

7. 媒體提供的新聞與資訊，涵蓋區域、全國與國際性的
議題。

四、媒體是管理良善的企業，實現編輯獨立

1. 媒體機構以有效率且永續的方式經營。

2. 媒體的營收來源有多樣性。

3. 廣告代理商與相關產葉支持廣告市場。

4. 廣告收入佔總營收的比率處於可接受的範圍。

5. 法令明確地規範，政府補助與廣告（做為收入來源）
合理地分佈，而且既不侵犯編輯獨立，也不扭曲市場。

6. 市場研究被用以形成策略規劃、增加廣告營收、以及
為視聽眾的需求與興趣客製產品。

7. 收視率、發行量與網路流量的統計是可信賴而且獨立
完成的。

五、有助於獨立媒體之專業利益的支援性制度建置

1. 存在能代表媒體業主與經理人利益的公會，並提供服務。

2. 有職業工會保護新聞工作者的權利，並推廣有品質的新聞。

3. 非營利組織支持言論自由與獨立媒體。

4. 有品質的新聞學位課程，並提供豐富的實物經驗。

5. 短期與在職訓練課程或機構，提供記者提升工作技能或是取得新技能。

6. 媒體所需的設備未被壟斷，沒有限制，沒有政治考量。

7. 媒體發行的通路未被壟斷，沒有限制，沒有政治考量。

8. 資訊與傳播科的科技基礎架構符合媒體與公眾的需求。

附表三　無邊界記者協會的 World Press Freedom

一、多元性

　　衡量意見在媒體上被呈現的廣度。

二、媒體獨立性

　　衡量在多大程度上，媒體能獨立於政治、政府商業與宗
教的權力與影響之外。

三、環境與自我審查

　　分析記者以及其他新聞與資訊提供者工作的環境。

四、法制架構

　　分析影響新聞與資訊活動的法制架構。

五、透明度

　　衡量影響新聞與資訊產製的機構與流程的透明度。

六、基礎架構

　　衡量支援新聞與資訊產製的基礎架構的品質。

七、不當對待

　　衡量評估期間內的暴力與騷擾程度。

附表四　聯合國教科文組織 (UNESCO)

一、表達的自由受到法律保障，並在實踐上得到尊重

1. 表達自由得到憲法的保障。
2. 國家簽署並實施相關協議，並且沒有太多顯但書。
   公眾理解並實現其表達自由的權利，並且有工具與機
3. 制可以確保這樣的權利被實質地運用。
4. 確認的工具
   （1）任何符合國際標準與國際認可的實踐之維護表達
   　　自由權的法律與政策。
   （2）有公信力的機構所出版的關於一國之表達自由實
   　　況的報告。
   （3）關於表達自由的司法個案。
   （4）具有明確上訴權利的獨立且運作良好的司法體系
   　　的證據。

二、接收資訊的權利被保障，並在實踐中得到尊重

1. 憲法保障獲得資訊的權利。
2. 國家簽署並實施相關協議，並且沒有太多但書。
3. 公眾理解並實現其表達自由的權利，並且有工具與機
   制可以確保這樣的權利被實質地運用。

4. 透過獨立行政機構的有效率且有效能的申訴管道，像是資訊委員會或是調查員。

5. 基於個人隱私為由的限制沒有被定義得太廣，避免與公眾利益有關的資訊被涵蓋在內。

6. 確認的工具

（1）任何符合國際標準的關於資訊權的法律與政策。

（2）有公信力的機構所出版的關於資訊權保障的報告。

（3）關於資訊發佈的公共政策。

（4）國家對於開放政府（像是法院判決、國會議事、政府預算書等的出版與宣傳）的承諾的證據。

（5）關於資訊申請被拒的申訴抱怨的統計資訊。

三、編輯獨立被保障，並在實踐中得到尊重

1. 廣播者沒有被政府要求空出廣播時段，或是傳輸對政府有利的內容（選舉期間的政見廣播除外）。

2. 政府、主管機關或是商業團體沒有影響、或是沒有試圖影響廣播或報紙的內容。

3. 法律沒有允許政府在緊急狀態時控制媒體

4. 確認的工具

（1）所有關於編輯獨立的法令或政策符合國際標準。

（2）國家或私人部門干預編輯決策的證據。

（3）有公信力的機構出版的關於編輯獨立議題的報告。

四、法律保障新聞記者保護新聞來源的權利，並且在實踐中
得到尊重

1. 記者可以對他們的消息來源保密，不用擔心會被起訴
或騷擾。

2. 確認的工具

（1）記者被迫揭露消息來源的具體個案。

（2）任何符合國際標準的保障消息來源隱密性的立法。

（3）媒體機構或是專業協會積極地捍衛消息來源保密
的權利的證據。

五、公共與公民社會組織參與形塑媒體的公共政策

1. 國家創造豐富的機會，讓非政府組織也能參與媒體相
關的立法與公共政策。

2. 確認的工具

政府承諾與公民社會合作，發展與媒體相關的法律政
策的證據（像是研討會、座談會、公共論壇，或是在
電子與平面媒體上的正式辯論等等）。

國家圖書館出版品預行編目資料

傳播福利經濟學：能力取徑的傳媒研究／
王盈勛著. －－初版.－－臺北市：五
南, 2017.10
面；　公分.
ISBN 978-957-11-9368-7（平裝）

1.傳播產業　2.媒體經濟學

541.831655　　　　　　　　106014740

4Z08

傳播福利經濟學：能力取徑的傳媒研究

作　　　者 ― 王盈勛（5.7）

發 行 人 ― 楊榮川

總 經 理 ― 楊士清

副總編輯 ― 陳念祖

責任編輯 ― 黃雅惠

封面設計 ― 黃雅惠

出 版 者 ― 五南圖書出版股份有限公司

地　　　址：106台北市大安區和平東路二段339號4樓

電　　　話：(02)2705-5066　　傳　真：(02)2706-6100

網　　　址：http://www.wunan.com.tw

電子郵件：wunan@wunan.com.tw

劃撥帳號：01068953

戶　　　名：五南圖書出版股份有限公司

法律顧問　林勝安律師事務所　林勝安律師

出版日期　2017年10月初版一刷

定　　　價　新臺幣300元